MANUAL BÁSICO DEL ESCOLTA PRIVADO

Rafael Darío Sosa González

MANUAL BÁSICO DEL ESCOLTA PRIVADO

Rafael Darío Sosa González

TABLA DE CONTENIDO

PRINCIPIOS DE PROTECCION

DEFINICI N ACTIVIDAD DE PROTECCI N

PROTECCI N: Medidas activas y pasivas que se emplean para mantener sin riesgo a personas, instalaciones, bienes y otros.

Guardaespaldas

Persona armada que acompaña, protege defiende a quien lo ha contratado Con su propio cuerpo o utilizando armas.

Escolta

Empleado de una empresa de vigilancia cuya labor es dar protección a personas naturales, a vehículos, mercancías y valores durante sus desplazamientos.

Escolta personal

Es el encargado de evitar, neutralizar o eliminar, las oportunidades de que secuestren, asesinen, golpeen, ataquen u hostiguen a la persona protegida, hasta donde las circunstancias lo permitan, ya que la protección absoluta no se puede brindar y menos en la actual situación.

PRINCIPIOS Y RESPONSABILIDADES - FUNCIONES DE LOS ESCOLTAS

Dar protección a personas y a los bienes que le asignan bajo su cuidado, en áreas fijas o en los desplazamientos.
Conocer las armas y el correcto funcionamiento de las mismas.
Conocer los deberes de la profesión y de su cargo la ética.
Informar a tiempo alguna enfermedad o emergencia que le indica cumplir sus deberes o llegar a tiempo a su lugar de trabajo.
Mantenerse en estado de alerta, no confiarse de nada.
Nunca abandone su puesto, sin previa autorización.
No coma o beba cuando se encuentra en servicio, no se distraiga.
No hable innecesariamente con el público o extraños.
No escuche radio / televisión mientras se encuentran de servicio.
No se duerma durante su jornada de trabajo.

No suministre información de la empresa o de la persona protegida. Saber callar es guardar el secreto.

No revele planas o información relacionadas con la seguridad de la persona protegida.

No haga asuntos particulares durante su período de servicio ya que

No haga ostentación de su cargo, sea discreto, Así disminuye el riesgo.

Capacítese permanentemente, mantenga el estado físico y anímico en las mejores condiciones.

Maneje toda la información con prudencia y reserva.

Respete la Ley, el orden y la moral ciudadana.

Sea leal con sus jefes, superiores y compañeros.

No beba licor, ni consuma drogas psicotrópicas que le impidan estar lucido para prestar un buen servicio.

Sea pulcro en el vestir y en su vivir.

Gánese la amistad, el cariño y la colaboración de la gente.

Si lo dotan de un vehículo, manténgalo en perfectas c ondiciones de funcionamiento. Revíselo permanente, no lo deje abandonado ni siquiera por un instante.

Saber buscar información, sospechar con fundamento, detectar los riesgos y tomar las medidas necesarias para neutralizarlos.

Conocer el empleo y operación de los medios de comunicación, teléfono, radio.

Transmitir los mensajes en forma clara y concisa y de manera oportuna.

Mutua comprensión y una buena relación con el personaje, así la seguridad será más eficaz y se podrá coordinar mejor.

UTILIZACION DE CIRCULOS IMAGINARIOS

Trazados, tomando como centro a la persona protegida. Este sistema sirve para indicar las posiciones que deben ocupar los escoltas 1, 2,3, o 4.

El norte siempre será la dirección de la marcha.

Los círculos indican la proximidad o lejanía de los escoltas, los cuadrantes de las posiciones de cada uno de ellos.

ZONAS VERTICALES DE OBSERVACION

La amenaza puede estar ubicada en cualquier lugar, de ahí la necesidad de asignar zona de vigilancia. Sin embargo, toda escolta debe acostumbrarse a conservar en todas direcciones, sin olvidar las partes elevadas y las partes de bajo nivel.

Zonas altas – Techos ventanas, terrazas, campanarios, árboles.
Zonas a nivel – Todo lo que está a la altura de la persona protegida.
Zonas bajas – Subterráneos, cauces de ríos, alcantarillas, sótanos.

SISTEMA DE RELOJ

Es muy fácil comprender y de practicar y bastante efectivo para signar tareas de vigilante. En el centro estará el personaje a proteger.

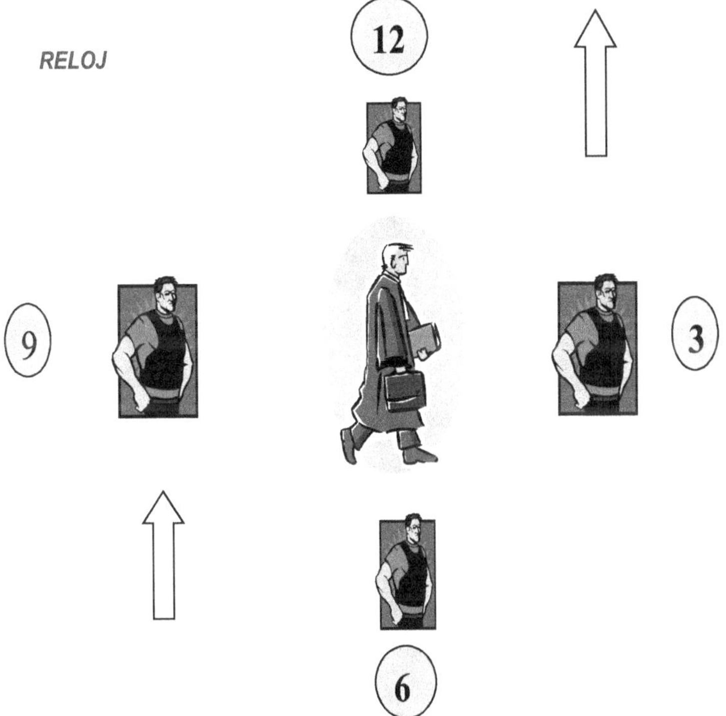

Existen muchas clases de formaciones para la protección de personas, dependiendo del número de escoltas con que se cuente.

FORMACIÓN SENCILLA

Consta de la persona protegida y un escolta que debe mantenerse a espalda del personaje.

FORMACION DOBLE SENCILLA

Se utiliza cuando la amenaza se halla al frente o cuando se va a ingresar a algún sitio.

FORMACION EN CUÑA

Cuando el personaje se dirige hacía donde se localiza un grupo de personas

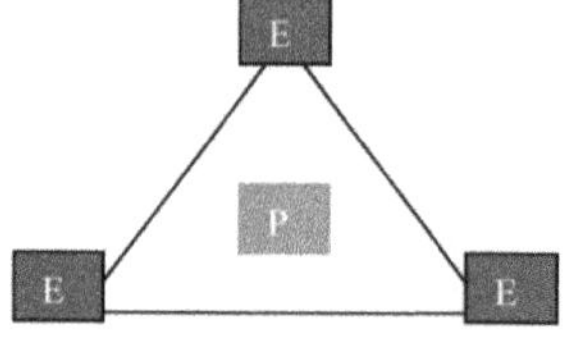

FORMACION EN DIAMANTE

Es muy difícil, útil y segura por todos los costados.

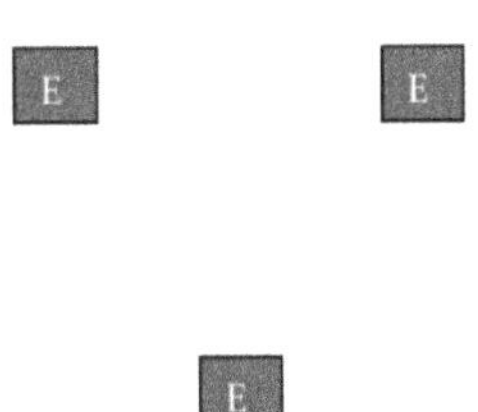

FORMACION DE CUÑA REFORZADA

Se utiliza cuando la amenaza se halla al frene o cuando se va ingresar a algún sitio

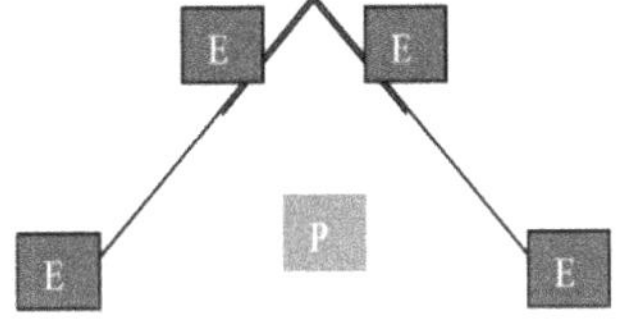

FORMACION EN V REFORZADA

Se utiliza cuando la persona se aleja de un sitio o cuando la amenaza está atrás.

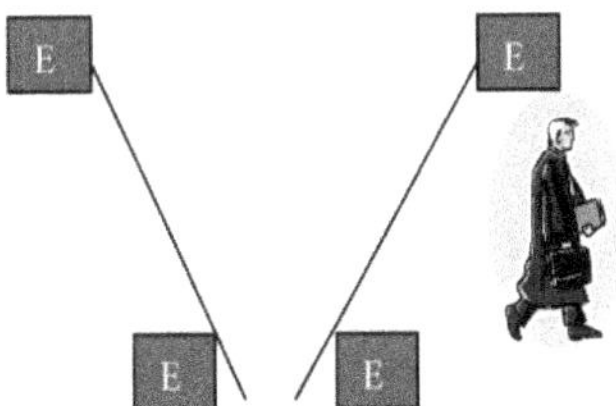

FORMACIONES LATERALES IZQUIERDA DERECHA

Se utiliza cuando la persona protegida transite por una acera.

La finalidad de cualquier formación es la de lograr un cubrimiento en todas las direcciones, descubrir la amenaza en forma oportuna y disponer de una capacidad de reacción inmediata.

FORMACION AREAS DE RESPONSABILIDAD

PROCEDIEMIENTO EN VEHICULOS
CARAVANAS

ESCOLTA COLA   ESCOLTA DE PUNTA

AVANZADA	MOTO	PRINCIPAL	COLA

OBJETIVO

Como la actividad de protección de personas se desarrolla en la calle, es imprescindible tratar el tema de los vehículos.

El vehículo de la persona protegida debe contar con algunas características como:

No ser notado
Que no llame la atención
Cómodo
Potente
Dotado con sistema de radio comunicación, y equipo especial de aire acondicionado.
Los personajes de alto riesgo deben tener vehículo blindado para aumentar su protección y este debe ir acompañado por otro u otros vehículos
Los vehículos deben tener asignados unos excelentes conductores especializados en conducción defensiva y que conozca la operación de los equipos con que esta dotado el vehículo.

La función del equipo de escolta no se reduce a los desplazamientos solamente, sino que tiene que ver con la verificación de cualquier inicio de amenaza en el vecindario de la residencia o de la oficina de la persona protegida.

Los escoltas deben mantener en los desplazamientos una barrera permanente entre el vehículo de la persona protegida y el vehículo que trate de aproximarse o sobre pasarlo, por lo tanto deben poner en práctica algunas medidas defensivas en la ruta.

Para efectos académicos y de comprensión llamaremos al vehículo de la persona protegida el vehículo "P" al de la esc olta el vehículo "E" y a los dudosos "N" o los que puedan constituirse en amenaza.

AVANZADAS

DEFINICIÓN ACTIVIDAD DE PROTECCIÓN

PROTECCIÓN : Medidas activas y pasivas que se emplean para mantener sin riesgo a personas, instalaciones, bienes y otros.

FACTORES DE PREVISIÓN
SEÑALES VERBALES ENTRE LOS ESCOLTAS

Los escoltas deben tener un sistema de comunicación verbal el cual alerte a aquellos que no estén directamente en el paso del atacante.

Estas señales verbales deben ser lo más breves posibles, sin sacrificar la calidad. Sin señales los escoltas no envueltos directamente en el bloqueo de la amenaza no estarán seguros de hacia donde tienen que mover a la persona protegida.

Un método efectivo de señales verbales, consiste en simplemente en identificar el arma y su dirección y el ángulo en relación con la persona protegida. El sistema de reloj como medio de identificar el ángulo es recomendable, dada su simplicidad y claridad. Así la dirección hacía el frente es siempre hacía las 12:00. Las 9.00 sería al lado izquierdo y las 6:00 está exactamente detrás de él.

Ejemplo:
Hombre a las 3:00
Cámara a las 11:00
También se puede utilizar para los desplazamientos de los vehículos.

PROBLEMAS COMUNES CON LAS FUNCIONES DE ESCOLTA

La mayoría de estos problemas usualmente se relacionan directamente con la personalidad de la persona protegida: la personalidad de la persona protegida: la imagen que el desea proyectar al público y sus sentimientos personales respecto a la seguridad en general. El escolta no tiene otra cosa que hacer.
Sino "Acatar los deseos de la persona a proteger"
"Evite crear hostilidad o situaciones embarazosas"

Que no quiere que nadie camine delante de él. En este caso los escoltas tienen que colocarse y proveerle protección desde esas peticiones.

El personaje no quiere personal de protección visible, pero sin embargo, desea ser protegido. Los escoltas deben asumir su protección desde lejos y tratar de mezclarse con otras personas caminando por la acera a una distancia de 5 a 15 metros.

Si el personaje camina dentro de un grupo de personas los escoltas deben tratar de mantener un área relativamente limpia alrededor de él y mantener su posición. La acción de los escoltas debe ser firme pero cortés.

Si le pide el personaje a un escolta que le consiga una revista, el periódico, este le tiene que decir cortésmente que no puede dejar su posición para ir a buscar lo que desea, pero que tan pronto como le sea posible mandará a otra persona a buscarlo.

A los escoltas se les puede dar un objeto en contacto con el público. Ejemplo: las llaves, el lapicero, el escolta no se puede detener a recogerlo por que rompe el círculo de seguridad alrededor del personaje, abandonando su posición.

PROTECION DURANTE LOS MOVIMIENTOS A PIE

Se utilizará la protección de doble circuito cuando el personaje este caminando. (Siempre que le sea posible).

El circuito de protección exterior chequea a todo el personal que trate de lograr el acceso alrededor del personaje. El circuito interior brinda mayor chequeo y limita a aquellas personas las cuales deben consultar o servir al personaje.

Cuando no hay suficiente persona para proteger al personaje, se debe emplear un sistema de cubierta de protección temporal mediante círculo s más reducidos por cortos períodos de tiempos (3 minutos). Al final la cubierta se disuelve y se vuelve a tomar las posiciones normales.

Si el personaje va a entrar a un hotel deben tomarse consideraciones especiales para tratar de que entre el ascensor desde el garaje en vez de hacerlo a través del lobby del mismo.

USO DE LAS ESCALERAS

Cuando el personaje tenga que utilizar las escaleras de tipo circular o cuadrado los escoltas deben indicarle que camino por el lado más próximo a la pared, así disminuye la vulnerabilidad desde arriba o desde abajo.

RESTAURANTES

Si el personaje va a comer a un restaurante el lugar donde va a sentare debe chequearse con anterioridad. La mesa del personaje debe estar cerca de la salida de emergencia y debe ser protegido por el personal de seguridad.

Se debe evitar la mesa ubicada en un lugar que requiera que el personaje atraviesa todo el restaurante para poder sentarse.

Ubicar al personaje en un sitio fuera de la vista del público, puede ser un cuarto área separada, hablando con el dueño del restaurante.

CAMINANDO POR LAS CALLES

Si al personaje le gusta caminar con regularidad, la selección de la ruta y hora se debe variar día a día, para que no se vuelva rutina.

Se debe prever personal de protección extra para que acompañe al personaje y a su escolta. Estos deben asumir las posiciones de los blancos y retaguardias a una distancia de 5 a 8 metros de distancia. El personal extra debe ir delante del personaje a una distancia de 15 a 20 metros.

El grupo de protección debe caminar paralelamente al personaje por la acera del frente, para chequear techos, ventanas de edificios.

Un vehículo de escolta debe estar siempre en la cercanía mientras el personaje se encuentre caminando. El vehículo debe ser utilizado para realizar acciones de bloqueo o en el evento de un ataque sacar rápidamente al personaje a ½ cuadra, detrás. El personal de protección que va dentro del vehículo debe actuar como una fuerza protectora de reserva.

ACTIVIDADES DEPORTIVAS

Si el personaje va a una acto deportivo debe sentarse en las partes altas en vez de hacerlo en las bajas.

Llegar al evento después de comenzado el mismo, para evitar el contacto con el público y salir antes y después que los otros espectadores.

Si está practicando el golf, tenis, el personal de protección debe desarrollar los círculos de protección alrededor del área donde lo practique.

El personal de protección debe desarrollar los círculos de protección alrededor del área donde lo practique.

El personal de protección debe inspeccionar estas áreas antes de que llegue el personaje. Este grupo debe además tomar posiciones avanzadas en todo el campo deportivo y utilizar alguna prende que los ayude a ser reconocidos. Ejemplo: gorras, camisas, sombreros.

VISITA A LUGARES PUBLICOS Y PRIVADOS

Los riesgos varían de acuerdo con la regularidad del personaje los visite, el conocimiento que tenga al público de estas visitas y el grado de exposición de su persona al público.

De acuerdo al sitio que visite, las medidas de seguridad física variarán pero de todas maneras se debe lograr el mismo nivel de protección para evitar un atentado.

Todos los lugares de este tipo deben ser inspeccionados por el grupo de seguridad con anterioridad a la visita.

VISITA A RESIDENCIAS PRIVADAS

Casi todas las residencias privadas que el personaje visitará pertenecen a familiares cercanos, personal de gobierno o socios comerciales, cuya confiabilidad debe asumirse o esta basada en la determinación del personaje.

Sobre los otros invitados es importante obtener información con suficiente anticipación a la visita para preguntar, investigar y determinar su confiabilidad.
Los sirvientes de los lugares donde visite el personaje, deben ser objeto del mismo grado de investigación y control de seguridad.

UTILIZACION DE CIRCULOS IMAGINARIOS

Trazados, tomando como centro a la persona protegida. Este sistema sirve para indicar las posiciones que deben ocupar los escoltas 1, 2,3, o 4.

El norte siempre será la dirección de la marcha.
Los círculos indican la proximidad o lejanía de los escoltas, los cuadrantes de las posiciones de cada uno de ellos.

ZONAS VERTICALES DE OBSERVACION

La amenaza puede estar ubicada en cualquier lugar, de ahí la necesidad de asignar zona de vigilancia. Sin embargo, toda escolta debe acostumbrarse a conservar en todas direcciones, sin olvidar las partes elevadas y las partes de bajo nivel.

Zonas altas – Techos ventanas, terrazas, campanarios, árboles.
Zonas a nivel – Todo lo que está a la altura de la persona protegida.
Zonas bajas – Subterráneos, cauces de ríos, alcantarillas, sótanos.

ACONDICIONAMIENTO FISICO

GENERALIDADES

1.   Acondicionamiento físico es un trabajo físico gradual encaminado a la consecución de una eficiencia física, representado en un estado satisfactorio de desarrollo de las capacidades y las habilidades motrices del individuo, en correspondencia con su sexo, edad, talla y peso.

2.   Las capacidades son condiciones biológicas particulares de cada individuo, necesarias para obtener un determinado rendimiento en la práctica de actividades motrices-físico-deportivas, por lo que representan un elemento significativo de la capacidad de rendimiento. Las cualidades físicas se subdividen en Cualidades Condicionales y Coordinativas.

3.   Las cualidades condicionales están determinadas por factores energéticos, son los encargados de obtener y transmitir energía tales como O2, glucógeno y ATP y las cualidades coordinativas son cualidades sensomotrices que se aplican conscientemente en la dirección de movimientos componentes de una acción motriz, con finalidad determinada. Estas cualidades se caracterizan por el proceso de regulación y dirección de los movimientos.

4.   Porque es una capacidad física que NO se deriva de la obtención o transmisión de energía ni tampoco de proceso de regulación y dirección de los movimientos sino que está en dependencia de factores morfológicos: estructura de las articulaciones, elasticidad de los músculos, cartílagos y tendones.

5.   Resistencia de corta duración, resistencia de mediana duración y resistencia de larga duración.

6.   Fuerza máxima, fuerza rápida, resistencia de la fuerza.

7.   Velocidad de reacción, velocidad de desplazamiento y resistencia de la velocidad.

8.   Determinar el grado de preparación física, técnica y psicológica.
-Comparar el rendimiento del ciclo anterior
-Permitir al entrenador y al deportista apreciar los progresos alcanzados a la esencia de estos.

-Establecer normas de efectividad del entrenamiento.
-Asignarle calificaciones que le sirvan de motivación para obtener nuevas y más altas cotas.
9.   Mejora la disposición neuromuscular al rendimiento.
-       Disminuye el peligro de lesiones.
-       Permite que el organismo pase por una serie de modificaciones que aseguran un aporte de oxigeno, materias nutritivas y un funcionamiento metabólico óptimos.
-       Aumenta la actitud mental para el entrenamiento.

10.   En la carrera de velocidad se debe tener en cuenta los siguientes movimientos técnicos: Cuerpo inclinado hacia delante y relajado, braceo con un ángulo de 90 ° por encima de la cadera, el movimiento amplio atrás y adelante que no sobre pase la nariz. Las piernas realizan un movimiento circular y el pie apoya el tarso y metatarso del pie.

En la carrera de fondo se debe tener en cuenta los siguientes movimientos técnicos: Cuerpo poco inclinado hacia delante y relajado, braceo con un ángulo de 120° un poco por debajo de la cadera, el movimiento amplio atrás y adelante que no sobre pase el pecho. Las piernas realizan un movimiento pendular(rodilla – pie) y el pie se apoya en lado externo, rozando talón, tarso y metatarso del pie.

ENTRENAMIENTO

 Para entrenar, el participante requiere de un acondicionamiento físico. El nivel de la condición física del cuerpo, varía según lo que de él se exija. El entrenamiento debe aportar fuerza, flexibilidad y elasticidad, velocidad.
Fuerza: La fuerza se obtiene mediante ejercicios de fortalecimiento muscular, incrementando la masa muscular (ejercicios con pesas, por ejemplo), ejercicios isotónicos (flexiones, correr) o ejercicios isométricos (empujar apretar, resistir).

Velocidad: Cuanto mayor es la velocidad con que viaja un objeto, mayor es la fuerza que genera, teniendo en cuenta la masa y la presión que ejerce la técnica.

Se puede conseguir velocidad con el simple hecho de repetir el movimiento muchas veces, teniendo en cuenta la velocidad de ida de la técnica, así como el retroceso del miembro que la ejecuta.

Flexibilidad y elasticidad: Los músculos deben adquirir un grado tal de elasticidad, que el ejecutante sea capaz de mover su cuerpo sin dificultades; y, mantener sus articulaciones flexibles para realizar movimientos que requieran de una destreza avanzada y fina, sin lesionarse.

TES. DE COOPER (RESISTENCIA)

El comienzo de cualquier actividad física, requiere ante todo un conocimiento de las bases sobre las que se va a constituir un programa para evaluar niveles de rendimiento.

Estas bases o punto de partida quedan determinadas por unas pruebas de tipo funcional, físico, técnico, etc. Llamados TEST que nos permiten un conocimiento lo más objetivo posible de las cualidades y capacidades del individuo.

La evaluación debe constituir una parte del programa del desarrollo de la actividad física y no debe ni sobrevalorarse ni despreciarse sino que su utilización debe servir para que en un momento determinado conocer no solo el estado del deportista, sino para observar la exactitud del programa y analizar sus aciertos y fallas.

Siguiendo con la preparación por medio de los Tes. se pretende conseguir los siguientes aspectos.

El Tes. tiene que proporcionar unos datos acordes con la cualidad o capacidad a determinar, es decir si pretendemos medir la resistencia de un individuo, debemos buscar pruebas específicas para ello.

Cuando pretendemos medir, necesitamos unos puntos de referencia sobre los cuales apoyarnos para hacer una valoración exacta de la misma.
Al llevar acabo la ejecución del Tes. se debe tener en cuenta los siguientes puntos.

CONDICIONES DEL EJECUTANTE:

El Alumno debe estar en condiciones óptimas de salud, no debe haber ingerido comida, ni bebidas alcohólicas, ni haber hecho uso de tabacos tres horas antes de la prueba. Es importante no haber realizado esfuerzo físico considerable en las últimas horas.

Instrucciones a los Alumnos testados.

Preparación del escenario de trabajo.

Demostración práctica en el caso que fuera necesario.

Puesta en práctica del Tes.

Una vez finalizada la prueba por parte del alumno, el instructor procederá

La recogida de los datos y comparar los resultados obtenidos, extrayendo de esta forma las conclusiones necesarias que le darán las características generales o particulares del individuo de acuerdo con el fin propuesto por el Tes.

EJECUCIÓN DEL TES.

Consiste en recorrer un trayecto, medido al efecto, durante doce minutos, al máximo de sus posibilidades, cubriendo por lo tanto la mayor distancia posible.

Finalizando estos doce minutos, el alumno se detiene y se mide la distancia alcanzada, dato que se comprueba en la tabla adjunta y se observa el nivel de resistencia.

RESISTENCIA (Km)		
EDAD / CLASIF.	13 - 19	20 -29
MUY MAL	■2.1	■1.95
MAL	2.1 - 2.2	1.95 - 2.1
REGULAR	2.2 - 2.5	2.1 – 2.4
BIEN	2.5 - 2.75	2.4 - 2.6
EXCELENTE	2.75 - 3.0	2.6 - 2.8
PERFECTO	ᴬᴬ3.0	ᴬᴬ2.8

Tes. de velocidad

50 Metros Lanzados.
Se toma una distancia de 70 mts., los primeros 20 mts. se utilizan para acelerar partiendo a velocidad máxima desde el inicio, al pasar a los siguientes 50 mts se cronometra el tiempo hasta línea final. Esta prueba se debe realizar al máximo de velocidad desde el inicio hasta el final de la carrera.

Se necesita la colaboración de una persona que tome el tiempo en la línea final, otra persona que de la partida en el momento que pase los primeros 20 mts., y probablemente una persona más para dar la salida desde el inicio de los 70 mts.

VELOCIDAD (Seg.)		
EDAD CLASIF.	13 - 19	20 -29
MUY MAL	+7.0	+7.2
MAL	6.8 – 6.5	7.0 – 6.8
REGULAR	6.4 - 6.0	6.7 – 6.3
BIEN	5.9 – 5.6	6.2 – 5.8
EXCELENTE	5.5 - 5.3	5.7 – 5.5
PERFECTO	-5.2	-5.4

Fuerza de brazos

Se coloca el atleta en posición de cubito abdominal, con apoyo de las manos y en la punta de los pies, de tal forma que con los brazos extendidos el tronco quede totalmente paralelo al suelo. En esta posición flexiona y extiende continuando con el ejercicio hasta llegar al final de un tiempo establecido que es de un minuto y se valora de acuerdo a la tabla.

FUERZA DE BRAZOS	
CLASIF.	VALORACIÓN
MUY MAL	-4
MAL	ENTRE 5 Y 14
REGULAR	ENTRE 15 Y 24
BIEN	ENTRE 25 Y 40
EXCELENTE	+40
PERFECTO	+50

Fuerza de piernas

El objetivo es evaluar la resistencia muscular de la musculatura extensora de cadera, rodillas y tobillos " musculatura de saltos " se debe realizar la mayor cantidad de saltarines en forma interrumpida y rítmica tocando el muslo con ambas manos mediante flexión de rodillas, la cadera baja a nivel de la rodilla por lo menos, y despegando los pies del piso al saltar haciendo una extensión total de piernas. El atleta se evaluara en un minuto con el mayor número de saltarines.

FUERZA DE PIERNAS	
CLASIF.	VALORACIÓN
MUY MAL	■10
MAL	ENTRE 10 Y 20
REGULAR	ENTRE 21 Y 30
BIEN	ENTRE 31 Y 40
EXCELENTE	ᴀᴀ40
PERFECTO	ᴀᴀ50

Fuerza abdominal

El atleta se colocara tendido su pino, con las manos en el pecho y las piernas semiflexionadas sujetas por los tobillos.

El ejercicio consiste en flexionar en forma profunda el tronco y volver a la posición inicial tantas veces como le sea posible en el lapso de un minuto a la velocidad normal.

FUERZA ABDOMINAL	
CLASIF.	VALORACIÓN
MUY MAL	■10
MAL	ENTRE 10 Y 20
REGULAR	ENTRE 21 Y 30
BIEN	ENTRE 31 Y 40
EXCELENTE	ENTRE 41 Y 50
PERFECTO	ᴀᴀ50

FORMAS DE CALENTAMIENTO

CALENTAMIENTO

Es el conjunto de actos y ejercicios previos a las grandes sesiones de entrenamiento, que se realizan para desperezar su organismo y garantizar su funcionamiento eficaz durante el esfuerzo principal, evitando así durante el

transcurso de este se produzca la crisis y la acumulación de productos de desecho en los tejidos.
Tiene dos objetivos fundamentales ayudar a la prevención de lesiones y Preparar al atleta física, fisiológica y psíquicamente para el comienzo de una actividad más extensa de lo normal.

El calentamiento sea para un entrenamiento o para un partido se debe considerar dos partes: una general y una especifica.

La parte general se realiza por medio de carreras suaves y ejercicios de soltura y coordinación dirigidos a activar la circulación para que los grandes músculos y articulaciones entren en calor.

La parte especifica, como su nombre lo indica, prevé movimientos directamente relacionados con las actividades del deporte. Generalmente se utilizan ejercicios técnicos del entrenamiento, que buscan la puesta a punto del sistema neuromuscular y la revisión de la técnica a utilizar. Es decir, hay una participación muy activa del sistema nervioso.

¿PORQUE SE REALIZA CALENTAMIENTO?
- Mejora la disposición neuromuscular al rendimiento.
- Disminuye el peligro de lesiones.
- Permite que el organismo pase por una serie de modificaciones que aseguran un aporte de oxigeno, materias nutritivas y un funcionamiento metabólico óptimos.
- Aumenta la actitud mental para el entrenamiento.

EFECTOS DEL CALENTAMIENTO EN EL ENTRENAMIENTO
Varían según:
- Tipo de calentamiento.
- Motivación existente.
- El estado de condición físico - técnico.
- Nivel del deportista.
- Carga del calentamiento (volumen e intensidad)
- La edad.
- La hora de día.
- El medio ambiente.
- La temperatura y otros factores climáticos.

¿Que efectos produce el calentamiento en el organismo?

- Aumento en la temperatura corporal.
- Disminución de la viscosidad muscular.
- Aumento de la frecuencia del pulso.
- Aumento de la presión sanguínea.
- Intensificación de la respiración.
- Liberación de glucosa por la circulación.
- Distensión de tendones y ligamentos.
- Aumento del volumen asistólico.
- Dilatación de las arterias y capilares que suministran sangre a los músculos.

CONOCIMIENTO Y EMPLEO DE EQUIPOS DE COMUNICACIÓN

1.- EMPLEO DEL RADIO

El correcto uso del radio en las actividades de seguridad es muy importante, es igual al empleo de las armas de fuego, ya que va ha permitir que el G.S. informe oportunamente cualquier situación de riesgo o anómala y solicitar el correspondiente apoyo comunicándose con la empresa o Supervisor.

2.- NOMENCLATURA DEL RADIO

Existen diferentes tipos de radioteléfonos, dependiendo del modelo y la marca, los mas usados en nuestro medio, son radios sencillos de emplear, por esto conoceremos los nombres de las partes que lo componen:
ANTENA – BASE DE LA ANTENA – PERILLAS : ENCENDIDO Y VOLUMEN – SELECTOR CANALES – LUZ INDICADORA – CONECTORES AUXILIARES – OBTURADOR: STAND BY Y P.T.T. – ALTA VOZ Y MICRÓFONO – BATERIA – CARGADOR – MANOS LIBRES

3.- TECNICAS DE EMPLEO DEL RADIO

Antes de encender el radio, verifique que la antena y la batería estén bien colocados y ajustados.

Cuando vaya a efectuar el cambio de batería, apagar el radio y proceder al cambio.

El ESCOLTA debe permanecer con el radio en forma permanentemente.
El volumen se debe mantener bajo, suficiente para ser escuchado por el operador.

Las transmisiones se deben efectuar por periodos cortos y concretos, se debe pensar y organizar el mensaje antes de transmitirlo, el tener obturado demasiado tiempo recalienta los circuitos y este calor se transmite a la batería descargandose rápidamente.

Al modular por el radio, este debe estar en posición VERTICAL, y separado de la boca a 2.5 cmts aproximada- mente.

No exponer el radio al agua, los circuitos se oxidan y se aíslan; No someterlo a temperaturas altas, el calor dilata los circuitos y pierden la presión aislándose y protegerlo del polvo.

No emplear el radio: - Bajo tormenta, este puede permanecer prendido, no se debe obturar. – Bajo cables de alta tensión, estos crean una capa magnética e interfiere la señal, cuando hay fugas de electricidad puede causar lesiones personales al operador y/o daños en el radio. – Cuando se tenga sospecha de la presencia de explosivos, al obturar genera ondas y si el iniciador del explosivo es electrónico, este puede activar el artefacto explosivo. – Evitar los árboles, la copa de estos interfiere en la señal.

Si la frecuencia del radio esta ocupada, no transmita esto impide la comunicación de otros y la señal de su radio tampoco sale.

Contestar las llamadas oportunamente, en el programa esperar el turno.
Tener disciplina en las comunicaciones : - Utilizar un vocabulario decente. – No hacer bromas. – No jugar con el radio. - No emplearlo para asuntos personales.

Empleo técnico de las comunicaciones:
INDICATIVOS : EMPRESA: COBRA BASE
SUPERVISOR : SUPERCOBRA
EL ALUMNO :COBRA 5

EMISOR   RECEPTOR

EMISOR		RECEPTOR
COBRA 5 DE COBRA BASE	1	**2** RECIBIDO COBRA BASE ESTE ES COBRA 5 REPORTO S/N CAMBIO
COBRA 5 TIENEALGO ESPECIAL	3	**4** AFIRMATIVO (SIGUE CON LAS OBSERVACIONES) CAMBIO
RECIBIDO Y Q.S.L., CONFIRME EL Q.T.H. CAMBIO	5	**6** EL Q.T.H. SANTO 25 CAMBIO
	7	8

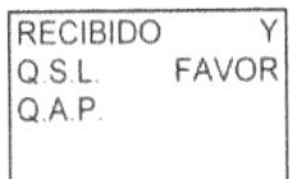

```
RECIBIDO          Y
Q.S.L.      FAVOR
Q.A.P.
```

```
RECIBIDO
7..3.              TKS
PERMANEZCO Q.A.P.
```

Emplear los códigos y las claves correctamente, identificarse con el indicativo asignado. Cuando la empresa tenga códigos, al emplearlos no de pistas. EJEMPLO : (VEHICULO : VENADO / INICIA : INDIO / DESPLAZAMIENTO:

DADO / CARRETERA : CAL / SITIO: SOL / para transmitir el mensaje El vehículo inicio desplazamiento por la carretera a su sitio, se debería decir: VENADO INDIO DADO CAL SOL, a los minutos, transmite, LE INFORMO. VENADO DETUVO DADO POR QUE SE PINCHO.

De igual manera, las claves se deben emplear cuando una orden por radio se presentan dudas en quien la esta transmitiendo, o cuando la orden se sale de lo normal, pero es lógica, se debe pedir autenticación, son de diferente tipo.

El operador o Supervisor da la Orden de permitir la entrada a su puesto de trabajo a un funcionario de los servicios públicos, se tiene información de un daño (Ejemplo: Fuga de Gas en el sector), es lógica la orden, pero no es común que esta situación se presente, el receptor solicita le autentique la orden, si es Martes, "AUTENTIQUE LA ORDEN TANGO", el que emite o da la orden si es correcto, le contesta: "RECIBIDO, TANGO CINCO", si se encuentra en una situación delicada, siendo capturado por la delincuencia, debe contestar : "RECIBIDO TANGO DIEZ", con esta respuesta esta informado que no debe cumplir la orden que se encuentra en situación de riesgo o amenazado, Ud. debe contestar, "RECIBIDO Y Q.S.L. ", y comunicarse con la empresa por otro medio.

OTRAS CLAVES

Se pueden emplear otras claves, como los sobre nombres, EJEMPLO: Escoger un sobre nombre como CARA PIÑA, al final de la transmisión por parte de quien emite la orden, dice "Q.S.L. CARA PIÑA", cuando escuche esta clave d   ebe informar a la empresa la situación que se esta presentando por otro medio diferente al radio y contestar "RECIBIDO Y Q.S.L ".

4.- CODIGOS

Existen diferentes códigos que son empleados por las instituciones como la Policía, Ejército, Fiscalía, D.A.S. entre otros; Cada empresa puede tener su propio código y es su deber aprenderlo y utilizarlo correctamente, conoceremos el Código de la "Q" y el Alfabeto Fonético conocido como código Alfa.

CODIGO DE LA "Q"

```
QAP  : PERMANEZCA EN EL AIRE / ESTE ATENTO
QSL  : ENTERADO DE LA NOTA
QTH  : LUGAR O SITIO DONDE SE ENCUENTRA
QSO  : PROGRAMA  / REPORTE
```

OTROS CODIGOS

CODIGO	SIGNIFICADO	CODIGO	SIGNIFICADO
7 3	CORDIAL SALUDO	R.P.T.	REPITA POR FAVOR
W	NOMBRE	TKS	GRACIAS
R	RECIBIDO	O.K	OKEY – BIEN
M.O.	UN MOMENTO		

CODIGO ALFA / ALFABATO FONETICO

Este código es internacional y se emplea en la aéreo- navegación y es muy común en las autoridades del transito. Consiste en coger las letras de una palabra y convertirlas en palabras. EJEMPLO :

DELINCUENTE Palabra de 11 letras la persona que emite coge las 11 letras y las convierte en palabras así: D: DADO E: ELSA L: LOMA I: INDIO N: NIÑO

C: CARLOS U: UNION E: ELSA N: NIÑO T: TANGO E: ELSA
El que recibe la información, no coloca toda la palabra si no la primera letra DADO – Coge la D, ELSA – coge la E y así sucesivamente.

OTRO EJEMPLO: Transmitir las placas de un vehículo BUM 272 =   BUQUE – UNION – MANO 2/7/2/
NUMERACION

Para la codificacion de los números se emplea la clave MURCIELAGO, así :

MURCIELAGO Se colocan los numeros de 0 ha 10 como ud. desee debajo de la palabra, 1 6 3 8 5 4 7 0 2 9 , para transmitir el Numero 19´386.542, se dice : MORCUIEG.

Otra forma de transmitir los números cuando no reviste de una clasificación en la información, asi :

01 PRIMERO / 02 SEGUNDO / 03 TERCERO / 04 CUARTO / 05 QUINTO / 06 SEXTO / 07 SEPTIMO / 08 OCTAVO / 09 NOVENO / 0 NEGATIVO
EJEMPLO : 19386542 Se transmite asi : PRIMERO NOVENO TERCERO OCTAVO SEXTO QUINTO CUARTO SEGUNDO

Los siguientes signos se transmiten así : . PUNTO / - GUION / (ABRA PARENTESIS /) CIERRA PARENTESIS - .... PUNTO SUSPENSIVO /

OBSERVACION Y DESCRIPCIÒN

SICOLOGIA DE LA OBSERVACION

(1) ATENCION : Es todo hecho, actividad, personas que ocupan nuestros sentidos y nos permiten ponernos en alerta. **Atención Voluntaria** : Requiere de un esfuerzo y un control consciente de los sentidos para lograr que el individuo entre y se mantenga en la presencia del hecho.

Atención Involuntaria : Nuestros sentidos nos concientizan de un hecho sin ningún esfuerzo o control consciente de parte nuestra.

Atención Habitual : No requiere de esfuerzo, somos conscientes de un hecho sin esforzarnos, es esa atención permanente que pone constantemente en nuestra actividad.

FACTORES DE INFLUENCIA DE LA ATENCION :

Tamaño
Cambios
Interés
Condición orgánica
Sugestión
Repetición
Poder de impacto

(2). PERCEPCION :

Es la capacidad de comprender lo que esta sucediendo y tiene los siguientes factores de influencia Capacidad mental : Es la Capacidad de una persona para entender y comprender lo que esta sucediendo.

Antecedentes Educativos : La formación educativa es importante para que la persona tenga una mayor capacidad de entender lo que se le esta diciendo, sucediendo o haciendo.

Antecedentes Empíricos : Los conocimientos que se adquieren por el medio en que se desarrolla la persona nos brinda una mayor o menor capacidad de entendimiento.

Antecedentes Ocupacionales : Los conocimientos y destreza que se   han desarrollado por la actividad ocupacional de la persona.

(3) REPORTE : Es la capacidad de Reconocer, recordar, analizar, relatar o describir con detalle un hecho, personas, actividad o las partes que componen nuestro medio.

Vocabulario : Es importante conocer los conceptos técnicos de nuestra profesión para elaborar el reporte, los nombres que se les dan a las cosas o actividad difieren de una región a otra, se debe emplear un vocabulario sencillo.
Tiempo de Sucedido : Reviste vital importancia, el tiempo que haya transcurrido desde el momento del hecho hasta que se reporte, por eso se recomienda tomar nota de los hechos, hacer anotaciones de las características especiales y de mayor importancia.
Repetición de Incidentes : El solo hecho que un incidente o actividad se repita con frecuencia, hace que el observador, adquiera una mayor facilidad de describir el hecho.

DESCRIPCION DE PERSONAS

Una vez el ESCOLTA conozca lo referente a los fundamentos en que se basa la observación, procederemos a conocer las características para poder describir a una persona :

SEXO : Femenino y masculino, estos se pueden disimular y cambiar de apariencia.
 EDAD : Con base en su edad puede calcular la edad de otra persona, se recomienda calcular en lapsos de 5 años, Ejemplo : Una persona que tiene 42 años, se determina que puede tener entre 40 y 45 años aproximadamente. Se determinan en niños, jóvenes, adultos, viejos y ancianos.
 ESTATURA : Con base en su estatura, puede calcular la estatura de una persona con base en la suya, aplicando el anterior criterio del lapso de 5 cmts. Se determinan Super alto, alto, mediano, bajo y enano.
 CONTEXTURA : La contextura es la figura que se refiere a la persona Fornida, gruesa (gorda), mediana, delgada, flaca, raquítica. Otros aspectos que debe tener en cuenta es el Pecho y las caderas.
 PESO : Esta se debe calcular con base en la estatura, si una persona mide 1,65 Cmts, el peso normal de esa persona es de 65 Kilos, de igual manera incide en la contextura de la misma.

IDENTIFICACIÓN Y TIPOS DE VEHÍCULOS

Debido al avance de la tecnología y la aparición de nuevas empresas fabricadoras y ensambladores de vehículos, nos encontramos con un sinnúmero de marcas de vehículos en el mercado que para su estudio y conocimiento en la materia que nos compete necesitamos de una constante actualización y conocimiento en el tema. Al conocer los diferentes tipos de vehículos, un contra vigilante tiene en sus manos una de herramientas más eficaces en la prevención de un posible atentado.

Una de las cosas más importantes en el conocimiento de los diferentes tipos de vehículos, dentro de un esquema de seguridad es hablar el mismo idioma para evitar confusiones que a la postre se pueden convertir en el hilo que hace la diferencia entre evitar o no un atentado.

TIPO	MARCA	COLOR
Automóvil	Mazda	Rojo
Campero	Mitsubishi	Verde
Bus	Internacional	Azul
Camión	Chevrolet	Amarillo
Jeep	Willys	Gris
Camioneta	Ford	Negro
Moto	Sususky	Blanco
Tracción Humana		
Tracción Animal		

Es muy importante en una descripción utilizar los colores básicos, No se usan los nombres de Aguamarina, Terracota, Azul cielo etc.
Cuando se menciona el TIPO debemos de mencionar algunas de las variedades que hay en vehículos EJ: Automóvil tipo sedan o Coupe, Camioneta tipo estacas o Cabinado etc.

CARACTERISTICAS

Conociendo el lenguaje del Tipo, Marca y Color, el paso siguiente es la descripción en si del vehículo en donde los alumnos mediante observación lenta y rápida deberán lograr analizar características, placas, condiciones y ocupantes de un vehículo y plasmarlo en un formato especial que para tal fin se elaboró, teniendo muy en cuenta la hora, el lugar y la fecha.

PLACAS

En el territorio nacional existen varias clases de placas con diferentes especificaciones que hacen la distinción entre vehículos particulares, vehículos de servicio público, vehículos diplomáticos, agregados diplomáticos, vehículos gubernamentales, vehículos con placas de exhibición y permisos de movilización restringida.

Actualmente las placas comienzan con tres letras y terminan con tres números.
Placas Particulares: Tienen un fondo amarillo y las letras y números están en negro. Se han asignado por letras de acuerdo al lugar, así por Ej. : los vehículos matriculados en Bogotá empiezan con la letra A, B, los matriculados en Neiva empiezan con la letra J, las de Zipaquira con la letra Z esto se puede determinar en la parte de abajo donde está escrito el origen de la matricula del vehículo.

Placas de Servicio Público: tienen un fondo blanco y las letras y números están escritas en negro, en todo el territorio nacional empiezan por la letra S aunque cuando se hace un cambio de servicio de público a particular al vehículo le asignan las mismas placas de público pero con el fondo amarillo, hay que tener en cuenta que en los tractocamiones el remolque lleva un número de placa completamente diferente al del vehículo y empiezan por R y varios números.

Vehículos Diplomáticos: Tienen fondo azul y las letras están pintadas en blanco. Las dos primeras letras son CD y cuatro números.

Agregados Diplomáticos: Tienen las mismas especificaciones del anterior pero con la diferencia de que las letras son YT.

Placas Gubernamentales: Tienen un fondo verde y las letras están pintadas de blanco, pertenecen a vehículos del estado y empiezan con la letra O.
Placas de Exhibición: En algunos concesionarios se le colocan unas placas con una serie de números y letras. En algunos casos salen y transitan con ellas pero esto está prohibido.

Permisos de Circulación Restringida: Es un permiso que da transito para que un vehículo que no tiene placas transite de 06:00 a 18:00 horas únicamente.

CONDICIONES

Se refiere al estado en que se encuentra el vehículo, se da la clasificación de Bueno, Regular o Malo.

OCUPANTES

Se refiere al número de personas que ocupan el vehículo

CARACTERISTICAS

Es la parte más importante de la descripción de un vehículo, se refiere a elementos o factores claves que hacen diferentes los vehículos unos de otros así sean del mismo año, de la misma marca, de la misma casa, del mismo color o del mismo servicio. Se trata de efectuar una observación al detalle del vehículo y hacer resaltar su característica predominante que en determinado momento puede ser la clave en la identificación y localización de un velero. Ej. Un guardabarros hundido, vidrios polarizados, nombres publicitarios etc.

INFORMACIÓN ADICIONAL

Se refiere a la información adicional que el contravigilante haya podido recolectar con relación al vehículo descrito.

REDACCIONES DE INFORMES

COMPONENETES DE UN INFORME

INTERROGANTES QUE DEBE CONTESTAR TODO INFORME

Al elaborar un informe, tenga en cuenta estas preguntas, para que cuando lo este redactando las vaya contestando, trate de no dejar ningún vacío.

QUE : Es darle un nombre al hecho
QUIEN : Las personas que directa o indirectamente están involucradas en un hecho. (Autores, víctimas, testigos), obtener el máximo de información Direcciones, teléfonos, documentos de identificación, etc.).
CUANDO : Se refiere al tiempo en que sucedió el hecho, Día, Mes, Año y hora aproximada.
DONDE : Identificar el lugar de los hechos o otros sitios de importancia para la investigación o aclaración del informe.
COMO : Es la forma como sucedieron los hechos, se puede describir en dos formas:
POR UBICACIÓN GEOGRAFICA
CRONOLOGICO
POR QUE : Concepto del motivo por el cual se presume la ocurrencia de un hecho, debe ser objetivo.

TÉCNICAS DE REDACCIÓN DE UN INFORME

San José de Cúcuta, Agosto 1 de 2.004

Señores:
ESNAVI LTDA
ATN : Señor Teniente (r.)
     RAFAEL DARIO SOSA G.
     Bogotá, D.C.

REF : TITULO DEL INFORME "PRES   UNTAS IRREGULARIDADES"

Con el presente me permito informar a la Gerencia General de ESNAVI LTDA, sobre las presuntas irregularidades, así:

En vista del incumplimiento en el suministro de Información con respecto.

Paso el presente informe para los fines que estime conveniente, de Ud.

Cordialmente,

FIRMA
NOMBRE
CARGO

C.C./ GERENCIA
         JEFE OPERAC

CONOCIMIENTO DE ARMAS DE FUEGO

EL REVOLVER
Martillo
Tambor
Disparador
Cacha

CAÑON
Mira delantera
Cuatro estrías
Tornillos
Recamara

EMPUÑADURA
Cachas
Resortes

CAJON DE MECANISMOS
Disparador
Aguja percutora
Martillo
Guarda Monte
Cuadro o tapa
Tambor
Yunque
Vástago
Estrellas
Araña

ACCESORIOS
Martillo
Chapuza
Útiles de aseo
Munición

DESCRIPCION DEL REVOLVER

DESCRIPCION DE LA ESCOPETA

LA ESCOPETA

Punta de Mira
Recamara
Guarda Monte
Disparador
Culata

CAÑON
Anima lisa
Punto de mira
Recámara
Extractor
Seguro delantero
Guarda mano
Seguro cañón

CAJON DE MECANISMOS
Seguro
Martillo
Aguja Percutora
Guarda monte
    Disparador
    Culata de madera
    Cantonera

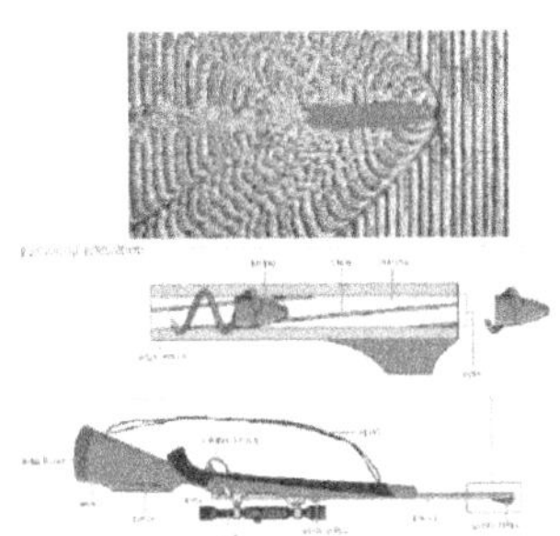

ACCESORIOS
Porta escopeta
Útiles de aseo
Porta munición

DESCRIPCION DE LA PISTOLA

PRINCIPIOS BASICOS DEL TIRO

El conocimiento de estos principios básicos del tiro, lo harán excelente tirador si los práctica de tal forma que adquiera destreza, cuando Ud. haga la acción que esta sea como si hubiese aplicado un solo principio, pero realmente los a aplicado todos.

1. CONCENTRACION MENTAL Y ESTADO SICOLOGICO:

Concentración Mental es poner en práctica los principios básicos paso por paso y el Estado Sociológico, es el estado de animo en el momento de accionar su arma, recuerde que un encuentro con el delincuente, puede durar 5 segundos, la alerta y su deseo de sobrevivir es lo que lo lleva a emplear su arma, su pulso se altera por la adrenalina y la tensión, solo un entrenamiento adecuado hará que Ud. reaccione con agilidad y destreza, su intención no es la de matar, si no la inhabilitar al agresor, la de su agresor si es la de matar.

2. *CORRECTA POSICION Y EMPUÑADURA DEL ARMA:* En este nivel, conoceremos las diferentes posiciones del tiro :

2.1. POSICIONES

2.1.1. DE PIE
2.1.2. DE RODILLAS :

1. ISOSCELES : PIERNAS SEPARADAS A LA ALTURA DE LOS HOMBROS, DE FRENTE AL OBJETIVO

A ALTERNA (POLICE CROW) LA MISMA POSICION CON LAS PIERNAS SEMI FLECTADAS

Tres puntos de apoyo, pierna débil doblada frente al objetivo apoyada por la planta del pie, pierna dominante doblada con apoyo de la rodilla y punta del pie en el piso, haciendo un ángulo en las piernas de 45 grados, el glúteo sentada sobre la pantorrilla de la pierna.

2.2. EMPUÑADURA

La empuñadura del arma, se toma con la mano dominante, los dedos meñique, anular y Corazón, envolviendo la empuñadura y el dedo gordo abrazando el cuello de la empuñadura, el dedo índice a un lado del disparador, se puede disparar el arma con un solo brazo o con los dos brazos. Cuando se emplean los dos brazos, se puede bloquear el arma con los dos brazos o con un solo brazo y el otro de apoyo.

El bloquear el arma significa que su brazo debe estar totalmente estirado, que el arma parezca la prolongación de ese brazo, cuando se bloquea el arma con los dos brazos, los codos deben ir hacia dentro y cuando se bloquea con un brazo el otro brazo sirve de apoyo. El Bloqueo sirve para que la fuerza del retroceso de la masa de gases recaiga sobre el brazo y no altere demasiado el pulso.

La teoría del pajarito : No apretar demasiado la empuñadura, sus músculos se tensionan y se altera el pulso, y muy floja, en el momento del disparo su arma cambia de posición o se le puede caer.

3. CORRECTA ALINEACION DE MIRAS Y PUNTERIA :

3.1. MIRAS El conjunto de miras esta compuesto generalmente por ALZA DE MIRA o MIRA TRASERA y el PUNTO DE MIRA

MIRA TRASERA   ALZA DE MIRA   PUNTO O POSTE DE MIRA

3.2. ALINEACION DE MIRAS : La correcta alineación de miras consiste en utilizar adecuadamente las miras de un arma, mira trasera o alza de mira, con el punto de mira, esta debe encajar simétricamente, dejando igual haz de luz a lado y lado y que el poste quede horizontal a las paredes del alza de mira, así:

3.3. PUNTERIA : La correcta puntería consiste, en llevar la alineación de miras al blanco u objetivo al cual se piensa disparar

3.4. TRIANGULACION Y BARRA DE PUNTERIA: Se efectuarán tres disparos tiro a tiro, para ver la ubicación de los impactos, si esta pegando en 5 a las 6, se le enseña al alumno que debe apuntar a 5 a las 9, para hacer las correcciones necesarias, si el arma tiene alza de mira se efectuaran las correcciones en los mecanismos de puntería.

4. CONTROL DE LA RESPIRACION:

En forma simultanea, cuando se vaya a efectuar la alineación de miras y puntería y estira los brazos, se debe tomar aire y lentamente va soltando el aire adquirido, mientras que con sus ojos busca el blanco, cuando tenga alineado el blanco, suspender por milésimas de segundos el aire.

5. ACCION DEL DEDO SOBRE EL DISPARADOR:

El disparador o gatillo del arma se presiona con la yema de la primera falange del dedo índice de la mano que sostiene el arma, debe oprimir cuidadosamente hasta que el disparador no se mueva, este procedimiento lo hace simultaneo cuando toma el aire y bloquea el arma, cuando este la alineación de miras y puntería y haya suspendido el aire, lenta y progresivamente hacia atrás oprime el disparador.

1.- NORMAS DE SEGURIDAD CON LAS ARMAS DE FUEGO

MANEJE TODA ARMA COMO SI ESTUVIESE CARGADA: Un arma descargada no cumple con su objetivo primordial que es inhabilitar a un agresor, lo que realmente causa daño y lesiones es la munición, por eso toda arma se debe manejar como si estuviese cargada, cuando Ud. recibe un arma y verifica que esta descargada, la costumbre es hacer un tiro al aire y es cuando se sucede el disparo, de igual, cuando Ud. entrega un arma a otra persona que hace tiro seco, es cuando se suceden los accidentes.
NO PREGUNTE SI UN ARMA ESTA DESCARGADA, CERCIÓRESE POR UD. MISMO: El Vigilante no debe preguntar si esta el arma cargada, debe verificar que su arma este debidamente cargada.

NO DISPARE ATRAVEZ DE OBSTACULO AL CUAL NO PUEDA OBSERVAR QUE HAY DETRÁS DE ELLOS: Cuando Ud. esta en su puesto, no puede dispara a través de ventanas de cristal , puertas de maderas o paredes de poco grosor, ya que esto impide que Ud. pueda observar que hay detrás de ellas, de igual manera, cuando dispara para inhabilitar al delincuente, tenga en cuenta que el proyectil, puede atravesar al delincuente, causando heridas o muerte a personas inocentes que se encuentren detrás.

ANTES DE DISPARAR VERIFIQUE LA TRAYECTORIA QUE VA HA SEGUIR EL PROYECTIL: Tenga en cuenta que el proyectil en superficies planas y dependiendo del ángulo de tiro, puede rebotar, causando daño a personas inocentes, de igual, cuando haga disparos al aire, verifique que trayectoria va ha seguir el proyectil.

NO APUNTE A OBJETIVOS AL CUAL NO PIENSA DISPARAR: Cuando una persona aborda al Vigilante en forma agresiva, el movimiento automático es mandar la mano a la empuñadura, esto se puede tomar como amenaza y puede traer consecuencias funestas, otros mas agresivos, sacan su arma, y viene el reto de la otra persona, dispare si es tan macho, hay dos caminos, guardar su arma y quedar mal, que es la mas prudente o aceptar el reto, disparar y asumir las consecuencias.

CONTROLE LA BOCA DE FUEGO DE SU ARMA, TANTO EN CAIDAS COMO EN LOS PROCEDIMIENTOS QUE SE HAGAN: En el momento de desenfundar su arma, esta debe estar con el cañón apuntando hacia arriba o en su efecto hacia el piso con un ángulo de inclinación de 45 grados aproximadamente y brazos estirados, nunca lleve el arma con el brazo encogido a la altura del pecho y tampoco a un costado con el brazo recto y hacía bajo, esto permite que en una caída o acción, dispare su arma causándose daño.

ANTES DE CARGAR UN ARMA VERIFIQUE EL ESTADO DE LA MUNICIÓN, ESTA DEBE ESTAR LIMPIA, SECA Y EN BUEN ESTADO: La munición es la razón de ser de un arma, se le debe dar un uso y tratamiento especial, no dejarla caer al suelo, cuando se guarde el arma se de descargar el arma, ya que el contacto de la bala con el cañón oxida y deteriora este. Cuando esta la munición defectuosa o en mal estado, puede encasquillar la recamara y/o el tambor del revolver, de igual, el proyectil se puede quedar en el cañón, lo que ocasiona que en el siguiente disparó su cañón se floree o las estrías dañen.

NO MEZCLAR LAS ARMAS CON DROGAS Y BEBIDAS EMBRIAGANTES: El alcohol, por su naturaleza es depresivo, cambia el estado de animo de las personas de acuerdo a las circunstancias que lo rodean, puede volverse alegre, triste o agresivo.

NO DEJAR LAS ARMAS AL ALCANCE DE NIÑOS Y PERSONAS INEXPERTAS La vida esta llena de ejemplos dolorosos por dejar las armas al alcance de los niños, se recomienda, guardar el arma en un sitio diferente al de la munición.

APLIQUE EN TODO MOMENTO LAS ANTERIORES NORMAS DE SEGURIDAD.

EJERCICIO DE TIRO

1.- NORMAS DE SEGURIDAD CON LAS ARMAS DE FUEGO

MANEJE TODA ARMA COMO SI ESTUVIESE CARGADA: Un arma descargada no cumple con su objetivo primordial que es inhabilitar a un agresor, lo que realmente causa daño y lesiones es la munición, por eso toda arma se debe manejar como si estuviese cargada, cuando Ud. recibe un arma y verifica que esta descargada, la costumbre es hacer un tiro al aire y es cuando se sucede el disparo, de igual, cuando Ud. entrega un arma a otra persona que hace tiro seco, es cuando se suceden los accidentes.

NO PREGUNTE SI UN ARMA ESTA DESCARGADA, CERCIÓRESE POR UD. MISMO: El Vigilante no debe preguntar si esta el arma cargada, debe verificar que su arma este debidamente cargada.

NO DISPARE ATRAVEZ DE OBSTACULO AL CUAL NO PUEDA OBSERVAR QUE HAY DETRÁS DE ELLOS : Cuando Ud. esta en su puesto, no puede dispara a través de ventanas de cristal , puertas de maderas o paredes de poco grosor, ya que esto impide que Ud. pueda observar que hay detrás de ellas, de igual manera, cuando dispara para inhabilitar al delincuente, tenga en cuenta que el proyectil, puede atravesar al delincuente, causando heridas o muerte a personas inocentes que se encuentren detrás.

ANTES DE DISPARAR VERIFIQUE LA TRAYECTORIA QUE VA HA SEGUIR EL PROYECTIL: Tenga en cuenta que el proyectil en superficies planas y dependiendo del ángulo de tiro, puede rebotar, causando daño a personas inocentes, de igual, cuando haga disparos al aire, verifique que trayectoria va ha seguir el proyectil.

NO APUNTE A OBJETIVOS AL CUAL NO PIENSA DISPARAR : Cuando una persona aborda al Vigilante en forma agresiva, el movimiento automático es mandar la mano a la empuñadura, esto se puede tomar como amenaza y puede traer consecuencias funestas, otros mas agresivos, sacan su arma, y viene el reto de la otra persona, dispare si es tan macho, hay dos caminos, guardar su arma y quedar mal, que es la mas prudente o aceptar el reto, disparar y asumir las consecuencias.

CONTROLE LA BOCA DE FUEGO DE SU ARMA, TANTO EN CAIDAS COMO EN LOS PROCEDIMIENTOS QUE SE HAGAN : En el momento de desenfundar su arma, esta debe estar con el cañón apuntando hacia arriba o en su efecto hacia el piso con un ángulo de inclinación de 45 grados aproximadamente y brazos estirados, nunca lleve el arma con el brazo encogido a la altura del pecho y tampoco a un costado con el brazo recto y hacía bajo, esto permite que en una caída o acción, dispare su arma causándose daño.

ANTES DE CARGAR UN ARMA VERIFIQUE EL ESTADO DE LA MUNICIÓN, ESTA DEBE ESTAR LIMPIA, SECA Y EN BUEN ESTADO: La munición es la razón de ser de un arma, se le debe dar un uso y tratamiento especial, no dejarla caer al suelo, cuando se guarde el arma se de descargar el arma, ya que el contacto de la bala con el cañón oxida y deteriora este. Cuando esta la munición defectuosa o en mal estado, puede encasquillar la recamara y/o el tambor del revolver, de igual, el proyectil se puede quedar en el cañón, lo que ocasiona que en el siguiente disparó su cañón se floree o las estrías dañen.

NO MEZCLAR LAS ARMAS CON DROGAS Y BEBIDAS EMBRIAGANTES : El alcohol, por su naturaleza es depresivo, cambia el estado de animo de las personas de acuerdo a las circunstancias que lo rodean, puede volverse alegre, triste o agresivo.

NO DEJAR LAS ARMAS AL ALCANCE DE NIÑOS Y PERSONAS INEXPERTAS: La vida esta llena de ejemplos dolorosos por dejar las armas al alcance de los niños, se recomienda, guardar el arma en un sitio diferente al de la munición.

APLIQUE EN TODO MOMENTO LAS ANTERIORES NORMAS DE SEGURIDAD.

DESNFUNDE DEL ARMA

Se realizará por tiempos: 1. Levantar la camisa 2. Agarrar el arma 3. sacar el arma 4. Apuntar instintivamente 5 disparar

DESCARGUE Y CARGUE RAPIDO

Toma la posición de rodillas
Coloca el arma boca abajo, abre el tambor y con la mano izquierda o la misma mano descarga el arma.

Procede a cargar por tacto, sin el arma, su mirada debe estar en el horizonte para no perder la ubicación y situación de la acción.
Disparar desde esa posición y cambiar de posición.

PRINCIPIOS BASICOS DEL TIRO

El conocimiento de estos principios básicos del tiro, lo harán excelente tirador si los práctica de tal forma que adquiera destreza, cuando Ud. haga la acción que esta sea como si hubiese aplicado un solo principio, pero realmente los a aplicado todos.

(1) CONCENTRACION MENTAL Y ESTADO SICOLOGICO: Concentración Mental es poner en práctica los principios básicos paso por paso y el Estado Sociológico, es el estado de animo en el momento de accionar su arma, recuerde que un encuentro con el delincuente, puede durar 5 segundos, la alerta y su deseo de sobrevivir es lo que lo lleva a emplear su arma, su pulso se altera por la adrenalina y la tensión, solo un entrenamiento adecuado hará que Ud. reaccione con agilidad y destreza, su intención no es la de matar, si no la inhabilitar al agresor, la de su agresor si es la de matar.

(2) CORRECTA POSICION Y EMPUÑADURA DEL ARMA: En este nivel, conoceremos las diferentes posiciones del tiro :

2.1. POSICIONES

2.1.1. DE PIE

1.- **IS 1. ISOSCELES** : PIERNAS SEPARADAS A LA ALTURA DE LOS HOMBROS, DE FRENTE AL OBJETIVO

A ALTERNA (POLICE CROW) LA MISMA POSICION CON LAS PIERNAS SEMI FLECTADAS

2.1.2. DE RODILLAS :

Tres puntos de apoyo, pierna débil doblada frente al objetivo apoyada por la planta del pie, pierna dominante doblada con apoyo de la rodilla y punta del pie en el piso, haciendo un ángulo en las piernas de 45 grados, el glúteo sentada sobre la pantorrilla de la pierna.

2.2. EMPUÑADURA

La empuñadura del arma, se toma con la mano dominante, los dedos meñique, anular y Corazón, envolviendo la empuñadura y el dedo gordo abrazando el cuello de la empuñadura, el dedo índice a un lado del disparador, se puede disparar el arma con un solo brazo o con los dos brazos. Cuando se emplean los dos brazos, se puede bloquear el arma con los dos brazos o con un solo brazo y el otro de apoyo.

El bloquear el arma significa que su brazo debe estar totalmente estirado, que el arma parezca la prolongación de ese brazo, cuando se bloquea el arma con los dos brazos, los codos deben ir hacia dentro y cuando se bloquea con un brazo el otro brazo sirve de apoyo. El Bloqueo sirve para que la fuerza del retroceso de la masa de gases recaiga sobre el brazo y no altere demasiado el pulso.

La teoría del pajarito : No apretar demasiado la empuñadura, sus músculos se tensionan y se altera el pulso, y muy floja, en el momento del disparo su arma cambia de posición o se le puede caer.

3. CORRECTA ALINEACION DE MIRAS Y PUNTERIA :

3.1. MIRAS El conjunto de miras esta compuesto generalmente por ALZA DE MIRA o MIRA TRASERA y el PUNTO DE MIRA

MIRA TRASERA   ALZA DE MIRA   PUNTO O POSTE DE MIRA

3.2. ALINEACION DE MIRAS : La correcta alineación de miras consiste en utilizar adecuadamente las miras de un arma, mira trasera o alza de mira, con el punto de mira, esta debe encajar simetricamente, dejando igual haz de luz a lado y lado y que el poste quede horizontal a las paredes del alza de mira, así:

3.3. PUNTERIA : La correcta puntería consiste, en llevar la alineación de miras al blanco u objetivo al cual se piensa disparar

3.4. TRIANGULACION Y BARRA DE PUNTERIA: Se efectuarán tres disparos tiro a tiro, para ver la ubicación de los impactos, si esta pegando en 5 a las 6, se le enseña al alumno que debe apuntar a 5 a las 9, para hacer las correcciones necesarias, si el arma tiene alza de mira se efectuaran las correcciones en los mecanismos de puntería.

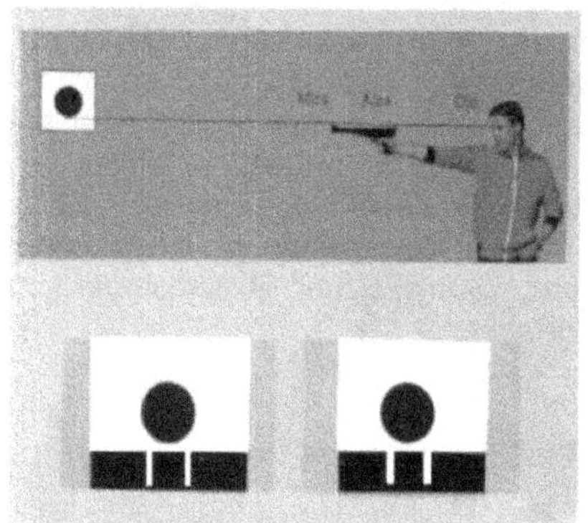

4. CONTROL DE LA RESPIRACION:

En forma simultanea, cuando se vaya a efectuar la alineación de miras y puntería y estira los brazos, se debe tomar aire y lentamente va soltando el aire adquirido, mientras que con sus ojos busca el blanco, cuando tenga alineado el blanco, suspender por milésimas de segundos el aire.

5. ACCION DEL DEDO SOBRE EL DISPARADOR:

El disparador o gatillo del arma se presiona con la yema de la primera falange del dedo índice de la mano que sostiene el arma, debe oprimir cuidadosamente hasta que el disparador no se mueva, este procedimiento lo hace simultaneo cuando toma el aire y bloquea el arma, cuando este la alineación de miras y puntería y haya suspendido el aire, lenta y progresivamente hacia atrás oprime el disparador.

EJERCICIO DE TIRO 1

TIRO	PRECISION
DISTANCIA	4 METROS
ARMA	REVOLVER
CALIBRE	38L
MODALIDAD	3 DISPAROS TIRO A TIRO, EN CADA TIRO SE MARCARÁ SE HARA TRIANGULACION, LOS SIGUIENTES TIRO A TIRO PARA VER LAS

	CORRECCIONES

EJERCICIO DE TIRO 2

TIRO	REACCION
DISTANCIA	8 METROS
ARMA	REVOLVER
CALIBRE	38L
MODALIDAD	2 DISPAROS DESENFUNDANDO EL ARMA DESDE LA POSICIÓN DE PIE, TOMA LA POSICIÓN DE RODILLAS, 1 DISPARO DESDE ESA POSICIÓN, 1 DISPARO CAMBIANDO POSICIÓN Y 2 DISPAROS DE PIE EN MOVIMIENTO, POSICION LIBRE.

EJERCICIO DE TIRO 3

TIRO	REACCION
DISTANCIA	8 METROS
ARMA	REVOLVER
CALIBRE	38L
MODALIDAD	FORMACIÓN EN CUÑA ADELANTE, A LA ORDEN ATENTADO, EL PUNTERO Y LOS 2 FLANCOS REACCIONAN 1 DISPARO TENDIÉNDOSE, 2 DISPAROS LEVANTANDOSE, 1 DISPARO CAMBIANDO POSICIÓN Y 2 DISPAROS DE PIE EN MOVIMIENTO DE PROTECCION, POSICION LIBRE.

EJERCICIO DE TIRO 4

TIRO	REACCION
DISTANCIA	8 METROS
ARMA	REVOLVER
CALIBRE	38L
MODALIDAD	SE HARA POR PAREJAS EN MOTO, EL VEHÍCULO SE COLOCA FRENTE A LOS BLANCOS, A UNA SEÑAL CON BANDERA, LA MOTO INICIA EL DESPLAZAMIENTO EL TIRADOR SE INCORPORA POR ENCIMA DEL CONDUCTOR Y EFECTUA 3 DISPAROS HASTA LLEGAR A LA LÍNEA DE BLANCOS,

	DESEMBARCA OBSERVA LOS IMPACTOS Y CAMBIA DE POSICIÓN Y DE ESPALDAS EFECTUA 3 DISPAROS.

EJERCICIO DE TIRO 5

TIRO	REACCION
DISTANCIA	8 METROS
ARMA	REVOLVER
CALIBRE	38L
MODALIDAD	SE HARA POR PAREJAS EN MOTO, EL VEHÍCULO SE COLOCA FRENTE A LOS BLANCOS, A UNA SEÑAL CON BANDERA, LA MOTO INICIA EL DESPLAZAMIENTO EL TIRADOR SE INCORPORA POR ENCIMA DEL CONDUCTOR Y EFECTUA 1 DISPARO HASTA LLEGAR A LA LÍNEA DE BLANCOS, DESEMBARCA OBSERVA LOS IMPACTOS Y CAMBIA DE POSICIÓN Y DE ESPALDAS EFECTUA 1 DISPAROS. PROTECCIÓN LATERAL CON LA MOTA EFECTUA 2 DISPAROS, PROTECCIÓN FRONTAL EN LA MOTO 2 DISPAROS

SENSIBILIZACION HACIA LA SEGURIDAD

OBJETIVO

Despertar conciencia de Seguridad y unos hábitos y actitudes de prevención, que deben poner en práctica para protegerse y no dejarse sorprender, motivación a su profesión.

GENERALIDADES

La seguridad es un estado, mental y psicológico, que se manifiesta en el individuo mediante la confianza, la tranquilidad y la paz.

El estado contrario es la inseguridad, que se manifiesta en el individuo por la desconfianza, la preocupación, miedo, pánico. La seguridad siempre debe estar en nuestra mente y formar parte de nuestra vida y de nuestras costumbres.

SEGURIDAD Y CONTROL DE VISITANTES

- No dejarse sorprender
- Estar alerta, estar atentos
- Estar preparado para evitar que algo malo suceda
- Estar entrenados para lo que pueda suceder
- Reaccionar a tiempo, tener la respuesta eficaz
- Estar en situación física y mentalmente en el puesto de trabajo.
- Mensaje de un pensador
- Vinieron por los campesinos
- Luego vinieron por los campesinos
- Luego vinieron por mi vecino
- Luego vinieron por mí, pero ya es demasiado tarde análisis-enseñanzas
- Características – Virtudes -- Cualidades especiales de la profesión.
- Actitud mental positiva
- Más son los deseos, la fuerza interior que lo lleva a actuar a fijarse retos y alcanzar metas y objetivos en la vida.
- Ser optimista en lugar de ser derrotista
- Actuar en lugar de aplazar
- Perseveraren lugar de renunciar
- Reaccionar con fe y esperanza en lugar de darse por vencido.
- Memoria
- Recordar datos de interés; nombres direcciones, teléfonos, detalles.
- Capacidad de comprensión
- Sentido común

- Juicio Lógico
- Toma de decisiones
- Iniciativa
- Hacer mejor el trabajo como se le ordena
- Innovar
- Sugerir
- No esperar recordatorios
- Creatividad
- Estabilidad emocional
- No perder el control
- Cortesía
- Amabilidad
- Buenas maneras
- Buen comportamiento
- Respeto hacia los demás
- Evitar Ostentación
- Descuido no mantenerse alerta
- Imprevisión no prever las cosas
- La sorpresa no estar alerta para dar una respuesta rápida.
- La confianza Ojo con las llamadas de auxilio
- La provocación caer en la trampa
- La indisciplina salirse de las normas y reglamentos
- La negligencia no hacer lo que tienen que hacer
- La curiosidad mata
- La ingenuidad suministrar información a extraños
- La rutina facilitar el accionar de los posibles agresores.
- Ponga en práctica
- Sea consciente del papel que desempeña.
- Utilice su mente y sus experiencias
- Su honestidad y veracidad no encubre nada
- Mantenga siempre una actitud preventiva
- El plan de seguridad y las normas allí contenidas.

ESTUDIO DE SEGURIDAD FISICO

LUGAR Y FECHA	:
EMPRESA	:
DIRECCION	:
TELEFONO	:

GERENTE	:	
JEFE DE SEGURIDAD	:	
FUNCIONARIOS PARTICIPANTES	:	
ASESOR EN SEGURIDAD	:	

I. DESCRIPCION GENERAL DE LA EMPRESA

1.- FUNCION DE LA EMPRESA :

____

____

____

2.- ORGANIZACIÓN DE LA EMPRESA

EJECUTIVOS		OPERATIVOS	
EMP. ADMINISTRATIVOS		PLANTA	
OBREROS		EXTERNOS	
CONTRATISTAS		TEMPORALES	

3.- HORARIOS DE TRABAJO

HORARIO DIAS	TURNO No 1			TURNO No 2			TURNO No 3		
	DESDE	HASTA	No EMPL	DESDE	HASTA	No EMPL	DESDE	HASTA	No EMPL
LUNES									
MARTES									
MIERC.									
JUEVES									
VIERNES									
SABADO									
DOM/GO									
FESTIVO									

4.- UBICACIÓN AUTORIDADES Y SERVICIOS DE EMERGENCIA

AUTORIDADES	DIRECCION	TELEFONO
POLICIA		
SIJIN		
DAS		
UNASES / GAULA		
BOMBEROS		
TRANSITO		
ELECTRIFICADORA		
EMPRESA DE GAS		
ACUEDUCTO		

CRUZ ROJA /DEF. CIVIL		
AMBULANCIAS		
CENTROS ASISTENCIALES		
OTROS		

II. TERRENO CIRCUNDANTE

1.- AREA : URBANA______ SUB-URBANA______ RURAL

____

2.- TOPOGRAFÍA : PLANA /MONTAÑOSA / BOSCOSA / SELVÁTICA / ONDULADA

____

3.- SISTEMA VIAL : RUTAS DE ACCESO / RUTAS RAPIDAS/ LENTAS/ AUTOPISTAS

____

4.- SERVICIOS PUBLICOS DISPONIBLES : LUZ-AGUA-TELÉFONO-GAS-OTROS-UBICACIÓN:____

PRESTACIÓN   DEL
SERVICIOS____

III. CARACTERISTICAS DEL VECINDARIO

1.- STATUS ECONOMICO: Condiciones de trabajo y salarios / sectores : RESIDENCIAL – INDUSTRIAL – COMERCIAL – BANCARIO – PORTUARIO – AGRICOLA – GANADERO – PETROLERO :

____

2.- STATUS SOCIAL : ALTO - MEDIO ALTO – MEDIO – MEDIO BAJO - BAJO

3.- PANORAMA SICOLOGICO : Tendencias e influencias políticas, delincuenciales, subversivas, sindicales

4.- FENOMENOS NATURALES : Riesgos generados por la naturaleza Sismos, inundaciones, avalanchas, terremotos, deslizamientos de tierra, etc.

5.- EXPERIENCIAS DE OTRAS EMPRESAS / OTROS COMENTARIOS :

IV. PERIMETRO

1.- CONSTRUCCIONES DEL PERIMETRO : Edificaciones Dominantes, tipos de construcción, desocupadas, lotes, terrenos baldíos.

2.- BARRERAS PERIMETRICAS : Tipo, altura, material, distancia a la edificación principal, estado, limpieza, mantenimiento, remate final, sistemas electrónicos.

3.- PUNTOS CRITICOS DE LA BARRERA: Desechos cerca de la barrera, puntos ciegos, obstáculos, Techos, paredes, arboles cerca de la malla.

4.- CONTROLES DE ACCESO :
PORTERIA DE PERSONAL:
UBICACIÓN:____
IDENTIFICACIÓN DE
PERSONAS:_______________________________________
SISTEMA DE ACCESO: (Eléctrico – Electrónico –
Mecánico)_______________________________
VISIBILIDAD
INTERNA____
VISIBILIDAD
EXTERNA:____
SISTEMAS DE
 COMUNICACIÓN:____
AREA DE
REQUISA:____
EQUIPOS ELECTRÓNICOS DE
 REQUISA:_______________________________
SISTEMA DE CONTROL DE
PERSONAL:_______________________________________
LIBROS DE CONTROL DE
PERSONAL:_______________________________________
LIBROS DE CONTROL DE
DOCUMENTOS:__________________________________
ACCESO A LA
PORTERIA:____
PORTERIA DE VEHÍCULOS:
UBICACIÓN:____
IDENTIFICACIÓN DE
VEHÍCULOS:_______________________________________
SISTEMA DE ACCESO: (Eléctrico – Electrónico –
Mecánico)_______________________________
VISIBILIDAD
INTERNA____
VISIBILIDAD
EXTERNA:____
SISTEMAS DE
COMUNICACIÓN:____
AREA DE
REQUISA:____
EQUIPOS ELECTRÓNICOS DE
 REQUISA:_______________________________
EQUIPOS MECÁNICOS DE

REQUISA:____
SISTEMA DE CONTROL
VEHICULOS:____
LIBROS DE CONTROL DE
VEHICULOS:____

V. INSTALACIONES

A. GENERAL : Descripción General de la edificación:

1.- TIPO DE CONSTRUCCION : Parte externa de la instalación -Cemento, Ladrillo, tapia pisada, madera, No plantas (pisos), cantidad de edificaciones (principal – aledañas).

____
____
____

2.- CARACTERISTICAS DE LOS PUNTOS ACCESO PRINCIPALES

2.1. PUERTA ENTRADA PRINCIPAL PERSONAS :

MATERIAL: (Madera – Metálica – Vidrio, etc.)
SEGURIDAD: (Reforzada – Rejas – Pasadores- Ojo mágico, alarmas)
CERRADURAS: (Sencilla – Doble)
PIVOTES (BISAGRAS):
MECANISMO DE APERTURA Y CIERRE: (Eléctrico – Electrónico – Mecánico)

____
____
____

PUERTA ENTRADA DE VEHÍCULOS:
MATERIAL: (Madera – Metálica – Reja, Portón, etc.)
SEGURIDAD: (Reforzada – Cadenas – Candados- Ojo mágico, alarmas)
CERRADURAS: (Sencilla – Doble)
PIVOTES (BISAGRAS):
MECANISMO DE APERTURA Y CIERRE: (Eléctrico – Electrónico – Mecánico)

____
____
____

B. PARTICULAR: Si la instalación consta de varias edificaciones, se describe en igual de características del punto (1) TIPO DE CONSTRUCCIÓN cada edificación y la parte interna se toma dependencia por dependencia (Recepción – Pasillos – Oficinas, etc,)

1. DESCRIPCIÓN DE LA DEPENDENCIA:
NOMBRE
UBICACIÓN
CARACTERÍSTICAS

2. PUERTA ENTRADA
MATERIAL: (Madera – Metálica – Vidrio, etc.)
SEGURIDAD: (Reforzada – Rejas – Pasadores- Ojo mágico, alarmas)
CERRADURAS: (Sencilla – Doble)
PIVOTES (BISAGRAS):
MECANISMO DE APERTURA Y CIERRE: (Eléctrico – Electrónico – Mecánico)

3. VENTANAS : No de ventanas, altura, material, cerraduras, protección.
MARCO: (Madera – Metálica – Aluminio, etc.)
MATERIAL: (Madera – Reja – Vidrio, etc.)
ALTURA:
VISIBILIDAD AL INTERIOR Y EXTERIOR
SEGURIDAD: (Reforzada – Rejas – Pasadores, alarmas)
CERRADURAS: (Sencilla – Doble)
PIVOTES (BISAGRAS):
MECANISMO DE APERTURA Y CIERRE: (Eléctrico – Electrónico – Mecánico)

4. TECHOS :
CARACTERÍSTICA DEL TECHO: (Plancha – Teja, etc,)
CIELO RASO:
SEGURIDAD: (Rejas, varillas, refuerzos, alarmas, etc.)
ALTURA:
TRAGA LUCES
VENTILACIÓN: (Ductos – Aire Acondicionado – Claraboyas)
5. ILUMINACION INTERNA :
NATURAL: (Durante el día – Noche)
ARTIFICIAL (Cobertura, sistemas de encendido, controles, estado de las instalaciones)

____

____

____

VI. ILUMINACION PROTECTIVA

1.- BARRERA PERIMETRICA : Tipo de iluminación, aérea, terrestre, Cobertura total – parcial - adecuada, cubre toda la extensión de la barrera, sectores y puntos oscuros, alumbrado interior o exterior.

____

____

____

2.- SISTEMAS DE EMERGENCIA : Plantas de energía, capacidad ,encendido, mantenimiento, pruebas.

____

____

____

____

3.- AREAS ILUMINADAS : Porterías, Parqueaderos, edificaciones, control de áreas aledañas.

____

____

____

4.- SISTEMA DE CONTROL DE LA ILUMINACION : Ubicación, acceso, manejo, seguridad.

____

____

____

VII. CONTROL DE PUERTAS – CERRADURAS Y LLAVES

1.- CONTROL DE LLAVES O CODIGOS : Personas que manejan las llaves o código de barras, cambio de cerradura por cambio de personal, perdidas, investigación por perdida o robo de llaves.

____

____

____

2.- LLAVES MAESTRAS : Existencia, personas autorizadas, distribución.

____
____
____

3.- DUPLICADO DE LLAVES: Existencia, control, distribución, autorización.

____
____
____

4.- SERVICIO DE CAERRAJERIA : Empresa, personas, estudios de seguridad personal.

____
____
____

5.- INSPECCION DE LLAVES : Duplicados de las llaves son inspecciones, sirven, seguridad de las mismas, inventario, periodicidad.

____
____
____

6.- SISTEMAS DE ALARMAS EN LAS PUERTAS : Existencia y eficacia.

____
____
____

7.- REGISTRO DE APERTURA Y ACCESO : Control sobre puertas de acceso restringido.

____
____
____

8.- CAJAS FUERTES

No	UBICACION	RESPONSABLES

9.- COMBINACION DE CLAVES : Periodicidad cambio claves, seguridad y control de las claves

---

10.- CONTROL DE CANDADOS : Cantidad de candados, control de llaves, inspecciones, cambios, rotación de los mismos.

VIII. SISTEMAS DE ALARMAS

1.- EMPLEO DE SISTEMAS DE ALARMAS : Contra - sustracción, vidrios, incendios, aperturas, pánico, emergencias.

2.- TIPOS DE ALARMAS:

UBICACION	MONITOR EO	TIPO	RESPONSABLE Y TELÉFONO

3.- MANEJO DE ALARMAS : Personas autorizadas para la conexión y desconexión del sistema.

4.- CIRCUITOS CERRADOS DE TELEVISION : Existencia, ubicación control, responsables.

UBICACIÓN CAMARAS	MONITOREO	RESPONSABLE

5.- MANTENIMIENTO DEL SISTEMA DE ALARMAS : Responsable y Periodicidad del mantenimiento, pruebas.

6.- FALSAS ALARMAS : Periodicidad de las falsas alarmas, motivo, reacción.

7.- PROCEDIMIENTOS Y REACCION EN LA ACTIVACION DEL SISTEMA DE ALARMAS

IX. SEGURIDAD FÍSICA

1.- GUARDAS DE SEGURIDAD

PUESTO	No G.S.	UBICACION	FUNCION PRINCIPAL

2.- SERVICIO DE RONDA / PISOS / SECTORES

CONCEPTO	PTO 1	PTO 2	PTO 3	PTO 4	PTO 5
No G.S.					
HORARIO					
DURACION					
RUTA					
CONTROLES					
REGISTRO					
PTOS. CRITICOS					

3.- DOCUMENTACION Y REGISTRO : Esta al día la documentación del Pto., libros de control, se llevan en orden y pulcritud, cumple sus objetivos, actas de elementos, registran las rondas.

4.- FUNCIONES Y CONSIGNAS : Están registradas, las conocen, las practican, existen ordenes adicionales y recomendaciones de seguridad.

____

____

____

5.- ENTRENAMIENTO: Capacitación del personal, entrenamiento, polígono

Guarda de Seguridad	Nivel Capacitación	Reentrenamiento	Polígono

6.- PROCEDIMIENTOS ESPECIALES : Conoce los procedimientos en caso de atentados, amenazas, hurtos, otras situaciones, existen planes

____

____

____

____

7.- PRESENTACION PERSONAL: Porte, aseo, limpieza, documentos

____

____

____

8.- INCIDENTES / ACCIDENTES / RIESGOS : Se tienen registros sobre incidentes, accidentes y riesgos de situaciones presentadas en el puesto, se ha tomado acción, son divulgados.

____

____

____

9.- RELACIÓN DE FUNCIONARIOS: Existen la relación de los nombres, cargos y teléfonos de los funcionarios de la empresa.

NOMBRE Y APELLIDOS	CARGO / DEPENDENCIA	TELEFONO

X. CONTROL DE PERSONAL

1.- SISTEMA DE CONTROL DE ENTRADA Y SALIDA: Carnet, fichos, escarapelas, libros, Procedimientos.
   EMPLEADOS
   :

____

____

____

   VISITANTES:

____

____

____

   EMPLEADOS TEMPORALES :

____

____

____

   CONTRATISTAS/MANTENIMIENTO:

____

____

____

   RESIDENTES:

____

____

____

   OTROS:

____

____

____

XI.- CONTROL INTERIOR

1.- CONTROL DE CORRESPONDENDIA Y ENCOMIENDAS: Verificación del destinatario y remitente, mensajería, se lleva registro, se inspecciona, devoluciones.

____

____

____

2.- CONTROL DE BASURAS, DESPERDICIOS, CHATARAS : Controles, revistas, salida de Elementos, personal autorizado.

____

____

____

3.- CONTROL DE VEHÍCULOS: Empresa, empleados, residentes, visitantes, particulares. Libros de control, ficheros, autorizaciones, entradas, salidas, inspecciones.

____

____

____

4.- CONTROL INTERNO DEL PERSONAL: (Emplean escarapela, ficho, etc.)

____

____

____

5.- CONTROL DEL PARQUEADERO : Tipo de control, libros, ficheros, iluminación.

____

____

____

6.- CONTROL DE PRODUCTOS : Cargue y descargue de mercancías, supervisión, facturación, autorización, libros.

____

____

____

7.- CONTROL DE CONDUCTORES : Existen áreas de permanencia de los conductores, vagan libremente.

____

____

____

8.- ENTREGA DE MERCANCIAS : Horarios de entrega, fuera de horario.

____

____

____

9.- MERCANCIAS FUERA DE BODEGA : Que tipo de control existe, vulnerabilidades.

____
____
____

XII. SEGURIDAD PERSONAL

1.- PERSONAL DE EMPLEADOS : Se hace proceso de selección e investigación, quien lo adelanta.

____
____
____

2.- PROCEDIMIENTOS PARA ASIGNACIÓN DE ELEMENTOS : Documentos, maquinaria, llaves, credenciales.

____
____
____

ANALISIS Y RECOMENDACIONES

Aspectos de vulnerabilidad y fortalezas encontradas en el Estudio de Seguridad en cada uno de los puntos por evaluar, con sus correspondientes recomendaciones:
1.- INFORMACION EMPRESARIAL
2.- TERRENO CIRCUNDANTE

3.- CARACTERISTICAS DEL VECINDARIO

4.- PERÍMETRO

5.- INSTALACIONES

6.- ILUMINACION PROTECTIVA

7.- CONTROL DE PUERTAS/CERRADURAS Y LLAVES

8.- SISTEMAS DE ALARMAS

9.- SEGURIDAD FÍSICA

10.- CONTROL DE PERSONAL

11.- CONTROL INTERIOR

12.- SEGURIDAD PERSONAL

años atrás. Ya Aristóteles definió al hombre como un "ser viviente" que convive con otros.

La vida diaria de un ciudadano corriente demuestra este hecho: empieza la jornada desayunando en comunidad con la familia. Es este el primer círculo social al que pertenece. Allí se aprenden valores y se forman opiniones en el contacto con os padres y hermanos. Es el punto de partida de la evolución personal. El adulto termina su desayuno y se dirige al trabajo en donde entra de nuevo en relación con otras personas experimentando sentimientos de agradecimiento, compañerismo, enemistas, competencia. , en lo que haga en sociedad va repercutir en otros y viceversa.

Por la noche, el ciudadano medio suele reunirse con su amigo, ir a un partido de fútbol, asistir a una conferencia, etc. Todo lo anterior demuestra que el hombre es un ser social por naturaleza. De allí surge el concepto de relaciones humanas como las acciones y actitudes desarrolladas por los contactos entre personas y grupos.

Cada individuo es una personalidad altamente diferenciada que influye en el comportamiento y actitudes de aquellos con quien se mantiene en contacto y que igualmente es bastante influido por otros.

Es principalmente dentro de la empresa donde surgen las oportunidades de relaciones humanas, en razón del gran número de grupos y de las interacciones necesariamente resultantes.

PROCESOS DE INTERACCION

En la sociedad los seres humanos se hallan en mutua interdependencia y relación; entendida esta última como el lazo o vínculo que existe entre las personas y los grupos. El contacto recíproco. La comunicación y la interacción son tan esenciales para el individuo como para el grupo, de tal manera que sin ellas la persona difícilmente viviría y el grupo, de tal manera que sin ellas las personas difícilmente vivirían y el grupo dejaría de funcionar.

Las relaciones no se limitan solamente a los vínculos familiares o a las de parentesco, sino que influyen también las relaciones dentro de las empresas, escuelas, iglesias, partidos políticos, equipos deportivos, etc.

Ahora bien las relaciones funcionan de varias formas. Es decir influyen varias maneras de comportarse. Algunas de estas son positivas y otras negativas.

ACTITUD: Es una manifestación externa de la disposición o estado de ánimo.
Las positivas: Son aquellas que demuestran justicia, armonía y amistad.
Las negativas: Son aquellas que demuestran injusticia, enemistad y discordia.

Formas positivas de interacción

Cooperación: Es una forma de relación social en la que más de 20 personas actúan conjuntamente para lograr los objetivos propuestos. Es decir, cada integrante del grupo desempeña sus funciones de la mejor forma posible para que la imagen y prestigio del grupo, o compañía se vean beneficiados.
Ejemplo: En cada turno que efectúo, procuro prestar el servicio de vigilancia y seguridad de la mejor manera posible, para dejar en alto mi imagen y la imagen de la compañía.

Llego puntual a recibirle el puesto al compañero consciente de que él también necesita descansar.
La cooperación necesita
Lealtad al grupo
Responsabilidad en el cumplimiento de las funciones
Comunicación permanente entre los miembros

Ventajas de la cooperación
Facilita el logro de los objetivos
Permite que haya armonía en el grupo
Incrementa la motivación para trabajar
El trabajo resulta menos agotador y rutinario, al trabajar con sentido

Acomodación: Es un proceso de adaptación que permite a las personas continuar sus actividades aun sin estar en completo acuerdo de opiniones.

Ejemplo: Algunos de los compañeros que tengo en el puesto no son de mi total agrado por su forma de ser. Sin embargo. Me acomodo a la situación para impedir o reducir los conflictos.

La acomodación es un medio de vivir en paz. De coexistir, que promueve en ocasiones la cooperación, entre los miembros. En otras palabras, modifico mis pautas de comportamiento con el fin de acomodarme a las de mis compañeros.

Ventajas de la acomodación:
Favorece la Cooperación
Eleva la calidad de vida laboral
Disminuye los conflictos

Asimilación: Es un proceso por el que dos o más personas o grupos aceptan y realizan las pautas de comportamiento del círculo social al que ingresan.
Aún cuando esta planteado de esta forma se debe pensar que es un fenómeno unilateral. Al contrario, es una relación de interacción en la que ambas partes

actúan recíprocamente; la persona que llega a la cultura y el grupo o persona que la recibe y la acepta.

Ejemplo: La persona que ingresa a una empresa de seguridad con el propósito de prestar un servicio, debe empezar por asimilar la cultura de la compañía, lo cual incluye aprender la política interna, las consignas generales y específicas, el funcionamiento, etc.

A su vez los empleados antiguos están en él deber de aceptar al nuevo vigilante y en lo posible colaborarle para que este proceso se lleve a cabo de la mejor manera posible, logrando que la persona logre rápidamente se sienta identificada y se contagie de la cultura de su empresa. En otras palabras, es darle una cordial bienvenida y motivarle hacia su trabajo en la compañía. Esto se aplica no solo a la persona que ingresa a una empresa de seguridad; incluye a demás al vigilante que llega por primera vez a un puesto.

La asimilación necesita:
Actitud abierta y sanan de las partes
Aceptación voluntaria de participar en el proceso
Madurez y rectitud de ambas partes
Lealtad hacia las políticas de la Compañía

Ventajas de la asimilación
Facilita la adaptación hacia el cargo y hacia la compañía
Promueve los sentimientos de integración y cooperación
Evita el estrés y los conflictos (Calidad de Vida)

Si estos procesos se logran, con el correr del tiempo, la cultura de la Compañía se hace cada vez más sólida y los empleados con su excelente servicio marcan una pauta de diferencia con relación a las empresas donde no se han llevado a cabo.

Formas negativas de interacción
Conflicto: Es la forma de interacción por la que dos o más personas tratan de excluirse mutuamente, bien sea aniquilado una parte a la tras o bien reduciéndola a la reacción.

El conflicto se considera como medio para un fin. Es una relación humana recíproca en la que participan dos partes y en cuyos inicios se dan diversas formas de conducta inconformista. Estas se manifiestan con palabras, ademanes o acciones como injurias, aversiones, rivalidad, desprecio, ataques personales y físicos. El conflicto frecuentemente brota de la competencia y la oposición.

Ejemplo: Un grupo de personas que con sus actitudes e ideas buscan poner a los demás compañeros en contra de la compañía; en el fondo buscan protagonismo, suplir intereses individuales y desestabilizar el sistema laboral.

Obstrucción: Es un proceso social en el que cada una de las personas o grupos contrarios tratan de impedir que la otra logre sus objetivos, sea que ella misma desee obtenerlo o no.

A veces se la considera como una forma cortés y elegante del conflicto, dado que implica hostilidad y antagonismo, pero sin atacar directamente y de frente al contrario.

Ejemplo: Esta se presenta bajo muchas formas y se manifiesta en las tácticas consistentes en postergar, denunciar, obstaculizar y frustrar a los otros, en hacer campañas de falsos rumores y difamaciones.

RELACIONES INTERPERSONALES DEL ESCOLTA

La función del ESCOLTA es tratar con gente durante todo el turno de trabajo. Por una portería ingresa todo tipo de personal y es al vigilante a quien corresponde atenderlos, guiarlos o resolver sus inquietudes.
Todo vigilante debe poseer la formación en relaciones humanas pues son la base de su buen desempeño. Partimos de que todos tenemos ciertas aptitudes y cualidades que nos permiten trabajar con público.
Saber hasta donde van nuestras capacidades y cuáles son nuestras debilidades es el mejor consejo para quien se vaya a enfrentar con un cargo de esta naturaleza.

RELACIONES CON LOS EMPLEADOS
La regla de oro para el trato con el usuario es saber establecer límites. Ni tanta relación que conduzca a la intimidad, o complicidad, ni tan lejano que lleve al desconocimiento o a enfrentamientos o roces perjudiciales.

RELACIONES CON EL USUARIO
Las relaciones con el usuario son fundamentales cuando se trabaja en Escolta. Al usuario hay que entenderlo, comprenderlo, apoyarlo, atender sus observaciones y siempre darle la razón. Además hay que ganarse su confianza sin ser abusador.

RELACIONES CON LAS AUTORIDADES

El Escolta es y no es autoridad. De puertas para adentro su labor se apoya en las normas de orden y control dictados por la empresa y su deber es hacerlas cumplir; pero de puertas para afuera es un ciudadano común y corriente.

El Escolta es por lo general un testigo de primer orden y en este sentido debe colaborar ampliamente con las autoridades.

Cuando el puesto está en plena calle deberá buscar el apoyo y el entendimiento con las autoridades policiacas. Además debe acceder a cualquier solicitud que la autoridad le haga, informando a su jefe inmediato. Esto ayuda mucho en las relaciones vigilancia privada –autoridad.

RELACIONES CON EL SUPERVISOR

El supervisor, además de ser el superior inmediato, debe ser mirado como el orientador, la persona que en determinado momento nos puede escuchar y ayudar a solucionar los problemas no solo de tipo laboral, también personal o familiar.

RELACIONES LABORALES

Las relaciones entre la compañía empleará y el Escolta deben caracterizarse por la claridad en las normas, deberes y derechos y en la mutua confianza basada en el respeto y el cumplimiento de lo pactado. Si esto no se da, es posible que en poco tiempo se presenten roces y enfrentamientos que perjudicarán a los vigilantes y más a la compañía.

LA COMUNICACIÓN

EMISOR   MEDIO   RECEPTOR

CONFIRMACION DE LA INFORMACION
REQUISITOS PARA UNA BUENA INFORMACION
ATENDER ACTIVAMENTE
PRESENTACION CLARA Y OPORTUNA DEL MENSAJE
ASUMIR ACTITUD POSITIVA
SER CONCISOS EN EL MENSAJE
SER VERAZ EN LA INFORMACION
ASUMIR ACTITUD DE DIALOGO
SUPERHOMBRE
RELACIONES DEL HOMBRE
HOMBRE
MUNDO FISICO

NECESIDADES DEL HOMBRE
REALIZACION PERSONAL
AUTOESTIMA
IDENTIDAD
RELACIONES SOCIALES
PROTECCION DEL AMBIENTE
FISIOLOGICAS

"EN NINGUN MOMENTO, NI EN NINGUNA CIRCUNSTANCIA ES MAS SANO, ODIARSE A SI MISMO, QUE AMARSE A SI MISMO"

Este mensaje tiene relación directa, con el autoconcepto y la autoestima.

El autoconcepto acompañándolo un sentimiento denominado "AUTOESTIMA". Estos sentimientos positivos se generan en el ambiente de trabajo, donde se tienen en cuenta las diferentes individualidades, se toleran los errores después de reconocerlos, y donde la COMUNICACIÓN, sea abierta como número uno de las relaciones humanas.

COMPORTAMIENTO SOCIAL

1. RELACIONES EN EL TRABAJO

OBJETIVO:
Resaltar a los Estudiantes la importancia de las buenas relaciones humanas, para desempeñar adecuadamente su labor como Escoltas.

- Mediante la reflexión (solo por hoy) se habla de la importancia que tiene la **actitud** y la **aptitud** para desempeñar cualquier tipo de labor.

Aptitud: Conocimientos y condiciones físicas e intelectuales para desempeñar una labor.

Actitud: Expresión de los sentimientos y pensamientos frente a la labor.

Es importante resaltar que en las relaciones humanas dentro de del trabajo de vigilante es muy importante la actitud.

Relaciones humanas: es la interacción de ideas, pensamientos, afectos, valores, normas entre 2 o más personas.

COMUNICACIÓN

CLASES

RELACION ENTRE JEFES

RELACION SUBALTERNOS

Resaltar la importancia del buen trato en las relaciones humanas para que su labor como Escolta sea más amena. Mediante la reflexión (ahora que estoy vivo) sensibilizar a los estudiante acerca de la importancia de expresar el afecto a sus personas queridas.

Las relaciones de los vigilantes con la familia, los compañeros y los clientes.
TRATO: es el contacto con las demás personas durante la actividad laboral el contacto con otras personas.

En un sitio de trabajo no solo es importante conocer las condiciones físicas de trabajo y las funciones si no que también las personas con las que vamos a tratar.

La aceptación y el sentirse bien dentro del lugar de trabajo va a depender de mi comportamiento que reflejara el buen trato o el mal trato hacia los demás.

La educación y el buen trato o mal trato no esta relacionado con la raza, con la capacidad económica, nivel de estudios, religión. Etc.

RELACIONES HUMANAS DEL ESCOLTA

La función del Escolta es tratar con gente durante todo el turno de trabajo. Por su labor externa tiene trato con todo tipo de personal y es al Escolta a quien corresponde atenderlos y manejarlas.

Todo Escolta debe poseer la formación en relaciones humanas pues son la base de su buen desempeño. Partimos de que todos tenemos ciertas aptitudes y cualidades que nos permiten trabajar con público.

Saber hasta donde van nuestras capacidades y cuáles son nuestras debilidades es el mejor consejo para quien se vaya a enfrentar con un cargo de esta naturaleza.

1.- SERE FIEL A MIS JEFES, SUPERIORES Y COMPAÑEROS.
2.- DESEMPEÑARE MI TRABAJO RESPETANDO LA LEY Y LOS MAS ALTOS PRINCIPIOS DE LA MORAL.
3.- OBSERVARE EN TODOS MIS ACTOS LOS PRECEPTOS DE LA VERDAD Y LA   SINCERIDAD.
4.- ACATARE LAS ORDENES, PERO TENDRE LA FIRMEZA DE CARACTER PARA RESALTAR LOS ERRORES Y RECOMENDAR SU CORRECCION PARA EL BIEN DE LA ORGANIZACION.
5.- ME MANTENDRE EN BUEN ESTADO FISICO Y EMOCIONAL PARA DESEMPEÑARME CON TODA SEGURIDAD.
6.- MANTENDRE EN LA MAS COMPLETA RESERVA TODA INFORMACION CONFIDENCIAL QUE LLEGUE A MI CONOCIMIENTO.

RELACIONES CON SUBALTERNOS

La regla de oro para el trato con los subalternos es saber establecer límites. Ni tanta relación que conduzca a la intimidad, o complicidad, ni tan lejano que lleve al desconocimiento o a enfrentamientos o roces perjudiciales.

LENGUAJE Y CONVERSACION
A MORALIDAD COMO FENOMENO SOCIAL

Referente a este tema de la moral como un fenómeno social queremos   presentar tres ideas principales que son:
El lenguaje moral
La utilización social de la moral
Lo universal del hecho moral, enfatizando su principal concepción.

LENGUAJE MORAL

La terminología moral es muy alta, entre muchos de sus términos tenemos. Moral e inmoral. Licito e ilícito, permitido y prohibido, honesto y deshonesto, ético y no ético, justo e injusto. Se le denominan virtudes y a las negativas vicios.

Estas dos citas nos enmarcan en la concepción de la moral que nos indican como hay una clasificación de valores a los actos humanos que originan una terminología sobre temas referentes a la moral. Definen a la moral como a la vida misma referenciándola como búsqueda y soporte de la realización humana a todo nivel.

LA UTILIDAD SOCIAL DE LA MORAL

La sociedad se vale de diferentes instituciones para mantener y reproducir sus patrones morales como: la familia, la escuela, el gobierno, la religión, los masivos de comunicación.

La vida en sociedad necesita de normas que aseguren la paz y el orden entre los individuo que la forman para que los intereses particulares no atenten contra los intereses comunes.

Durante toda la existencia humana en cualquier sistema social que aglutine y organice al hombre en sociedad, se hace necesaria la implantación de un orden moral con unos patrones de comportamiento que den garantía y eleven a la vida humana a un estado de perfección. Estos principios entre muchos obedecen a nobles ideales o a derechos tales como respeto por el otro, a la educación, a la verdad, a la justicia.

Todos estos principios permiten al hombre vivir en sociedad pero no se puede vivir en sociedad pero no se puede desconocer la existencia de intereses particulares como lo ha mostrado la historia por parte de las clases dominantes de turno que establecen y orientan un orden moral, que consiste en burlar las normas morales siempre que no sea posible.

RELACIONES LABORALES

Las relaciones entre la compañía empleará y el Escolta deben caracterizarse por la claridad en las normas, deberes y derechos y en la mutua confianza basada en el respeto y el cumplimiento de lo pactado. Si esto no se da, es posible que en poco tiempo se presenten roces y enfrentamientos que perjudicarán a los vigilantes y más a la compañía.

El trabajo en común de nuestra sociedad, se estructura mediante una organización o empresa, dentro de la cual se desarrollan fenómenos de relaciones humanas que aparecen en los contactos de los trabajadores entre sí durante la actividad laborar y adquiere la forma de una conducta determinada que denominamos trato.

Cuándo una persona empieza a trabajar en una nueva empresa no se plantea solamente la cuestión de cual serán sus funciones o su sitio exacto de trabajo, sino que también el se adapta a un tipo de ambiente social hasta entonces desconocido pero él ¿Encontrará colegas con las que entablará contacto a amistoso o bien no se adaptaran? ¿Sus nuevos compañeros están dispuestos a aceptarle o lo rechazarán? ¿Encontrará ayuda y apoyo para resolver sus problemas o se sentirá aislado? , ¿Será reconocido por los demás miembros del grupo o quedará en una posición externa?¿ ¿Tendrá un superior del que pronto ganará confianza y el que podrá explicarle sus preocupaciones y problemas o lo encontraran a una distancia inaccesible?. Todas estas cuestiones determinaran la adaptación al nuevo círculo de acción. De ello dependerá también su rendimiento.

El trato que reciba de los compañeros podrá constituir una plataforma favorable para el desenvolvimiento de sus fuerzas, pero también podrá consumirle muchas energías en caso de inadaptación.

El trato abarcó un concepto amplio o universal de las relaciones humanas. Se refiere a la forma particular como establecemos contacto con otras personas. Es la actitud que manifestamos en las relaciones.

De ahí que se den las formas fundamentales en ese contracto: Comportamiento que reflejan buen trato y comportamiento que reflejan mal trato hacia el interlocutor o grupo.

El lenguaje verbal y el lenguaje no verbal. Son, los medios más comunes para expresar y a la vez observar actitudes de buen o mal trato. El lenguaje verbal se evidencia en el vocabulario empleado, en el tono de la voz, en la forma en que nos dirigimos es decir, en las palabras que utilizamos y pensamos.

El lenguaje no verbal se evidencia en los gestos o ademanes que empleamos para relacionar con los demás. Es decir los movimientos corporales que en determinado momento pueden ser señal de maltrato o por el contrario señal de amistad y camaradería. La mirada que empleamos, la cortesía o buena educación que demostramos en casa y en el trabajo, son manifestaciones del tipo de persona que somos.

El buen o mal trato es indiferente a la raza, capacidad económica, nivel de estudios. Que sitio de vivienda, todos por ser seres socializados y tener la capacidad de razonar, podemos brindar buen o mal trato.

Para autores como Heinz Dirks el trato personal es la situación elemental para conocer el individuo, en cuanto a su educación - cultura e historia de vida.

Con relación a este último punto, expone que si un niño fue maltratado en su niñez, en la edad adulta tenderá a replicar este patrón de comportamiento en la relación con otros. Es por eso que vemos padres castigadores, que golpean a sus hijos inhumanamente. Seguramente en la niñez recibió el mismo trato, lo grave de la situación es que de en la mañana los hijos lo imitarán, convirtiéndose la agresividad y mal trato en una cadena que a generación en generación.

Con el buen trato ocurre lo mismo, si tratamos bien a nuestros hijos a su vez ellos en el futuro replicarán estas conductas, con lo cual se mantendrá la armonía familiar y social.

A nivel laboral también se presenta el fenómeno de cadena. El mal trato puede comenzar por mí; esto ocurre por falta de cultura, educación, ambiente familiar agresivo en la niñez, falta de autocontrol del estrés o ira o ambiente actual conflictivo que se traslada al trabajo. Es probable que si doy mal trato recibo mal trato y rechazo de los demás. Puedo incluso perder el empleo y con ello perjudicar a quienes dependen de mí, lo cual es totalmente injusto. Sin embargo, no es algo irreversible. Aún cuando mi vid familiar no haya sido óptima o en mi personalidad no tenga los repertorios de conducta adecuados puedo hacer un esfuerzo por cambiar de actitud e incluso puedo buscar ayuda profesional.

El buen trato tiene muchas ventajas en nuestro medio. Específicamente en vigilancia y seguridad nos permite prestar un servicio de excelencia y altamente competente.

La calidad de vida en el trabajo puede mejorar notablemente, se verá la actividad laboral como la oportunidad de crecer, de desarrollarme y no como una pesada obligación. Esto permitirá alcanzar mayor estabilidad laboral además mi imagen de buen colaborador no me dejará conocer el desempleo.

El ser humano vive en sociedad. Y allí su requerimiento fundamental el de disfrutar de relaciones humanas armónicas. En efecto, todo el mundo sabe muy bien de lo satisfactorio y placentero que es el contar con buenas relaciones humanas y de la tragedia que significa el no tenerlas.
El tan inquietante y comentado "stress" (tensión) en los seres humanos es de manera predominante la consecuencia de experiencias de relaciones humanas insatisfactorias. Esto es, relaciones humanas perturbadas implican una amenaza claramente comprobada de problemas de salud tanto mental como orgánica.
Por otra parte la eficiencia y productividad en empresas e instituciones como las de vigilancia tienen como factor de primera importancia la constitución de equipos de trabajo que tengan buenas relaciones humanas. Porque en ambientes conflictivos y con discordias (antagonismos, resentimientos, desconfianza, etc.) sucede precisamente lo contrario.

De ahí la importancia de una adecuada comunicación con los compañeros de trabajo, la empresa, jefes y sociedad (clientes).
La Conducta Asertiva.

Es la conducta que permite que una persona actúe en base a sus intereses o sus necesidades, expresar cómodamente sentimientos honestos, defenderse sin ansiedad inapropiada o bien ejercer tus propios derechos sin negar los de los demás.

En la práctica SER ASERTIVO es:
Ser capaz de decir "no".
Ser capaz de pedir un favor o petición si así lo requieres.
Ser capaz de expresar tanto los sentimientos positivos como los negativos de manera adecuada.
Ser capaz de comunicarse adecuadamente.
Ser capaz de expresar tu opinión.
Ser capaz de mantener los propios derechos.
 Cuando nos comunicamos asertivamente además del lenguaje verbal tenemos que

hacer servir adecuadamente una serie de elementos para que el conjunto expresado resulte hábil socialmente:
Contacto de los ojos.
Inflexión y volumen de la voz.
Uso de las manos.
Expresividad del rostro.
Fluidez en el habla.
Postura.
Distancia física.

En general podemos decir que existe una falta de habilidades sociales o asertividad en la conducta humana probablemente por algunas de las siguientes causas:

La comunicación asertiva se bloquea por un exceso de ansiedad condicionada a la situación interpersonal.
El sujeto no ha sido entrenado en habilidades sociales para actuar adecuadamente.

La falta de autoestima o bien confianza en uno mismo genera poca habilidad en el trato interpersonal.

La mayoría de personas poco asertivas tienen en común un tipo de pensamiento rígido, poco flexible, que funciona en términos de blanco o negro que les impiden resolver adecuadamente los problemas que se le presentan.

Tenemos tres estilos de comportamiento frente a cualquier situación interpersonal: Asertivo o hábil socialmente, agresivo y pasivo o no asertivo.

LENGUAJE VERBAL

Las malas o buenas palabras
Dar gracias
Saludar,
ser cortes Dirigirse con respeto a las demás Personas.

LENGUAJE NO VERBAL

Mala cara o buena cara
Expresión de cansancio
Buen humor

DEFENSA PERSONAL

INTRODUCCIÓN Y CALENTAMIENTO
EJERCICIOS DE REACCION
GENERALIDADES DEFENSA PERSONAL

¿QUÉ ES LA DEFENSA PERSONAL?

La defensa personal es un método de lucha o pelea que reúne técnicas selectas extraídas de las diferentes artes marciales (karate, judo, taekwondo, kung fu, aikido, etc.), destinadas a repeler un ataque o agresión cuerpo a cuerpo o con armas cortopunzantes y/o contundentes; y, acondicionadas a las necesidades del usuario.

Filosofía de la Defensa Personal

Evitar una confrontación física es el logro más alto que se pueda conseguir; si se llega a este, nuestras técnicas estarán sujetas a la situación misma.

El deseo del practicante de defensa personal no es el de alardear ante los demás por sus destrezas; el hecho de practicar técnicas de defensa propia no nos convierte en invulnerables, simplemente nos proporciona herramientas útiles para salir del paso ante un eventual ataque y para sobre manejar situaciones de lucha o agresión con mayor seguridad.

Fundamentos

La práctica de la defensa personal exige al practicante, la aplicación de ciertos principios que son leyes naturales asumidas como características de este acto a saber:

Foco: El foco es la concentración de la fuerza del cuerpo, el equilibrio y la velocidad en una sola acción de una técnica determinada. Esta actitud genera la tensión y la potencia necesaria para ejecutar la acción deseada.

Control mental: En el momento de ejecutar una técnica, la mente debe estar libre del flujo de dos pensamientos; es decir, que no haya bloqueo mental. A esto se le llama:

CONCENTRACION, y la concentración es la clave de todos los aspectos mentales.

Coordinación: Uno de los principales aspectos, el cuerpo humano está diseñado para realizar movimientos perfectos y así deben hacerse al momento de responder a una agresión, para conseguir la eficacia deseada.

Velocidad: En este punto podemos hablar de velocidad de reacción, los movimientos propios de la Defensa Personal obedecer a una acción preliminar.

Reflexión: El relajamiento es vital, porque antecede y sucede a la respuesta del individuo (ante una agresión), y es lo que lo mantiene sin temor o realmente alerta. Un músculo tensionado antes de iniciar o repeler un ataque se fatigará en pocos segundos y entorpecerá la acción.

Entrenamiento

 Para entrenar defensa personal, el participante requiere de un acondicionamiento físico. El nivel de la condición física del cuerpo, varía según lo que de él se exija. El entrenamiento debe aportar fuerza, flexibilidad y elasticidad, velocidad.

- Fuerza: La fuerza se obtiene mediante ejercicios de fortalecimiento muscular, incrementando la masa muscular (ejercicios con pesas, por ejemplo), ejercicios isotónicos (flexiones, correr) o ejercicios isométricos (empujar apretar, resistir).

- Velocidad: Cuanto mayor es la velocidad con que viaja un objeto, mayor es la fuerza que genera, teniendo en cuenta la masa y la presión que ejerce la técnica.

- Se puede conseguir velocidad con el simple hecho de repetir el movimiento muchas veces, teniendo en cuenta la velocidad de ida de la técnica, así como el retroceso del miembro que la ejecuta.

- Flexibilidad y elasticidad: Los músculos deben adquirir un grado tal de elasticidad, que el ejecutante sea capaz de mover su cuerpo sin dificultades; y, mantener sus articulaciones flexibles para realizar movimientos que requieran de una destreza avanzada y fina, sin lesionarse.

- Defensa propia para práctica diaria

- Es el método tradicional de Defensa Personal que incluye un amplio repertorio de técnicas básicas basadas en maneras de zafarse de presas; torceduras, inmovilizaciones, golpes, modo de parar golpes y patadas .   En este sistema el practicante aprende a infligir dolor para subyugar al oponente sin hacer daño.

- Defensa propia contra armas

- Sistema de defensa estilizado para contrarrestar ataques con armas blancas o contundentes (cachiporras, palos, etc.).

IDENTIFICACIÓN DE PUNTOS VULNERABLES
DESARME DE ARMAS
CONTUNDENTE
CORTAPUNZANTE
DE FUEGO
TÉCNICAS DE NEUTRALIZACIÓN

Defensa propia contra armas

Sistema de defensa estilizado para contrarrestar ataques con armas blancas o contundentes (cachiporras, palos, etc.).

Caídas básicas:

CAÍDAS:

- Frente: La caída frontal se practica desde una posición en cuclillas. Hay que caer hacia delante sobre el pecho y golpear hacia abajo con ambas manos, con los codos doblados.   Caer hacia delante desde una posición de pie, llevando el peso del cuerpo en la caída sobre ambos antebrazos.
- Lateral: Practique extendiéndose sobre su costado izquierdo; luego tuerza el cuerpo hacia la derecha y dé un fuerte manotazo sobre el piso con la derecha extendida.   Rodar hacia ambos lados así, de esa manera. Después practique desde una posición de agachado, desequilibrándose hacia un lado y cayendo contra el piso. Finalmente practique de pie.
- Caída atrás: Practiquemos una caída de evasión hacia atrás, sentándonos en cuclillas y rodando después hacia atrás. Curvar la columna y esconder la cabeza hacia adentro, de manera que la energía del movimiento nos haga rodar hacia atrás, llevemos los dos brazos hacia delante y luego dar un golpe ruidoso hacia atrás, sobre el piso para frenar la caída. Practique a medio sentarse y después de pie. En todos los casos, lleve la barbilla al pecho.

TÉCNICAS DE LANZAMIENTO

Proyecciones:

- Siega mayor exterior: Es la famosa zancadilla. Efectúela con una pierna a la parte exterior de una de las piernas agarrando al oponente por los hombros. Se aplica después de parar un golpe o ante un empujón con ambas manos.
- Barrido del pie adelantado: El agresor tiene su pie derecho ligeramente adelantado(posición de un paso) lo sujetamos por hombro y brazo y lo empujamos hacia la derecha de él al tiempo que ejecutamos un barrido del pie adelantado hacia su izquierda con el pie izquierdo, provocando una proyección por desequilibrio

NORMAS PENALES Y DE POLICIA

LEGALIDAD: Nadie podrá ser condenado por un hecho que no este previsto como punible por la ley penal, ni sometido a pena o mediada de seguridad que no esten establecidas por laLey.

HECHO PUNIBLE :

CONOCIMIENTO DE LA LEY : La ignorancia de la Ley penal no sirve de excusa.

DELITOS Y CONTRAVENCIONES : Los hechos punibles se dividen en Delitos y Contravenciones.

ACCION Y OMISION : El hecho punible puede ser realizado por acción o por omisión.

TIEMPO DEL HECHO PUNIBLE: El hecho punible se considera realizado en el momento de la acción o de la omisión. omisión.

TENTATIVA: El que iniciare la ejecución del hecho punible, mediante actos idóneos e inequívocamente dirigido a su consumación y éste no se produjere por circunstancias ajenas a su voluntad.

AUTORES: El que realice el hecho punible o determine a otro realizarlo.

COMPLICES : El contribuya a la realización del hecho punible o preste ayuda posterior.

CONCURSO DE HECHO PUNIBLE : El que con una sola acción u omisión o con varias acciones u omisiones infrija varias disposiciones de la Ley penal.

JUSTIFICACION DE LOS HECHOS :

En estricto cumplimiento de un deber.
En cumplimiento de una orden legitima de autoridad competente emitida con las formalidades legales.

En legitimo ejercicio de un derecho, de una actividad licita o de un cargo público.
Por la necesidad de defender un derecho propio o ajeno de un peligro actual o inminente siempre que la defensa sea proporcionada a la agresión.

Por la necesidad de proteger un derecho propio o ajeno, no evitable de otra manera que el agente no haya causado intencionalmente o por imprudencia y que no tenga el deber jurídico de afrontar.

EXCESO : El que sobrepase los limites propios de cualquiera de las causas de justificación.

INIMPUTABILIDAD : Es inimputable quien en el momento de ejecutar el hecho legalmente descrito, no tuviere la capacidad de comprender su ilicitud o determinarse de acuerdo con esa comprensión, por inmadurez psicológica o trastorno mental.

CULPABILIDAD : Nadie puede ser penado por un hecho punible, si no lo ha realizado con dolo, culpa o preterintención.

DOLO : Cuando el agente conoce el hecho punible y quiere su realización o cuando lo acepta previniéndola al menos como posible.

CULPA : Cuando el agente realiza el hecho punible por falta de previsión del resultado previsible o cuando habiéndolo previsto, confió en poder evitarlo.

PRETERINTENCION : Cuando su resultado, siendo previsible, excede la intención del agente.

PUNIBILIDAD : La conducta preterintencional o culposa solo es punible en los casos expresados por la Ley.

CAUSALES DE INCULPABILIDAD : No es culpable.
Quien realice la acción u omisión por caso fortuito o fuerza mayor.

Quien obre bajo insuperable coacción ajena.

Quien realice el hecho con la convicción errada e invencible de que esta amparado por un causal de justificación.

Quien realice el hecho con la convicción errada e invencible de que no ocurra en su acción u omisión alguna de las exigencias necesarias para que el hecho corresponda a su descripción legal.

PENA : castigo impuesto por la autoridad legítima o competente a quien ha cometido un delito.

CONTRAVENCION : falta o infracción penal con menor gravedad de sanción.

DOLO : intención de cometer un delito , engaño voluntario consciente y malicioso.

HECHO DOLOSO : la conducta es dolosa cuando el agente conoce el hecho punible y quiere su realización , lo mismo cuando la acepta previendo al menos como posible.

HECHO CULPOSO : cuando el agente realiza el hecho punible por falta de prevención del resultado previsible o cuando habiéndolo previsto confió en pode

COMPLICE : el que contribuye a la realización del hecho punible o preste una ayuda posterior, cumpliendo promesa anterior al mismo.

COAUTOR : el autor o coautor el que realice el hecho punible o determine a otro a realizarlo.

FUNCION DE LA LEY PENAL :

contribuir al cumplimiento de los deberes y obligaciones de las personas y ciudadanos, teniendo en cuenta que nadie podrá ser condenado por un hecho que no esté expresamente punible por la ley penal vigente al tiempo en que se cometió, ni sometido a pena o medida de seguridad, que no se encuentren establecidas en ellas. La pena tiene función retributiva, preventiva, protectora y resocializadora. Las medidas de seguridad persiguen fines de curación, tutela y rehabilitación.

PROCEDIMIENTO DE FLAGRANCIA DELICTUAL :

1. FLAGRANCIA : se entiende por flagrancia cuando la persona es sorprendida en el momento de cometer un hecho punible o cuando es sorprendida con objetos, instrumentos o huellas de los cuales aparezca fundamentalmente que momentos antes ha cometido un hecho punible o participado en él, o cuando es perseguido por la autoridad, o cuando por voces de auxilio se pide su captura.

CAPTURA EN FLAGRANCIA : quien sea sorprendido en flagrancia (cometiendo un delito) será capturado por cualquier autoridad o persona y conducido en el acto, o más tardar en el término de la distancia, ante el fiscal o funcionario competente para iniciar la investigación, a quien deberá rendir informe sobre las causas de la captura.

Cuando por cualquier circunstancia no atribuida a quien hubiere realizado la captura, el detenido no pudiere ser conducido inmediatamente ante el fiscal, será recluido en la cárcel del lugar o en otro establecimiento oficial destinado al efecto, debiéndose poner a disposición del funcionario judicial dentro de la primera hora hábil del día siguiente con el informe de que trata el inciso anterior. Para los efectos de esta norma todos los días y horas son hábiles. En ningún caso el capturado puede permanecer más de treinta y seis horas por cuenta de funcionario diferente al fiscal o juez.

COMENTARIO : la Constitución Nacional faculta en su artículo 32, no solo a las autoridades sino también a "cualquier persona" para aprehender al delincuente sorprendido en flagrancia y a conducirlo ante las autoridades de manera inmediata; inclusive el funcionario o ciudadano puede penetrar hasta el domicilio del delincuente para aprehenderlo o solicitar permiso para hacerlo al morador del sitio donde se introduzca, como se desprende del Artículo presentado en nuestra Constitución.

Como la misma carta señala que "nadie será sometido a desaparición forzada , a torturas, ni a tratos o penas crueles, inhumanas o degradantes",   infiérase que dicha aprehensión o resistencia que obligue a las autoridades a utilizar la violencia como respuesta a su agresión con estricta observancia de los Derechos Fundamentales, con una limitación legal claramente comprensible en cuanto a un trato humanitario, es decir, digno de las personas humanas, porque la comisión de un delito no autoriza ni a los particulares ni a la autoridad para ejercer violencia contra el autor.

OTROS ASPECTOS SOBRE LA CAPTURA:

en circunstancias normales, la captura es un acto propio y exclusivo de las autoridades legítimas constituidas y no de los ciudadanos, pues en ellas y no en estos descansa la ejecución del poder público, aún tratándose de la violación de la ley penal. Se presume que en la inmediatez, la autoridad puede cumplir oportunamente este deber legal.

Sin embargo, como en ningún país del mundo la autoridad puede estar presente en forma simultánea en todo el territorio de su jurisdicción, porque ello implicaría un agente del Estado al pie de cada ciudadano, el Estado delega en sus propios gobernados esa facultad espacialísima cuyo prudente cumplimiento de la persona que hace efectiva la aprehensión, de que el capturado es requerido públicamente por alguna autoridad. De lo contrario, podría derivar su acción en un atentado contra la libertad individual en perjuicio de la persona indebidamente privada de ella.

No es muy afecto el ciudadano corriente de prestar esta cooperación a las autoridades, a pesar de que hoy el Artículo 95, numeral 7, de la carta política, le impone entre sus deberes y obligaciones el "colaborar par   a el buen funcionamiento de la administración de la justicia" quizá por temor a las consecuencias que puedan derivarse de su denuncia.

VALORES FUNDAMENTALES PARA LA CONVIVENCIA

FORMAS DE DEFENSA DE LOS DERECHOS:

En los pueblos primitivos como se sabe no existió autoridad   protectora de intereses particulares o colectivos.

El hombre, reaccionaba como los animales, instintiva y violentamente contra la agresión. La primera defensa fue:

- **La venganza**: la ejercía el ofendido directamente el ofendido contra el agresor, contra su familia o contra su clan.
- **La retaliación** no reconocía proporción entre la ofensa y la reacción y se ejercía sin límites y sin inhibiciones. Este sistema de defensa trajo como consecuencia el debilitamiento de los grupos sociales y una serie de perturbaciones de la convivencia.
- **La ley del Talión**: los excesos de la venganza privada, de la "justicia por mano propia" se vieron frenados ya por esta ley, menos bárbara y al parecer más equitativa. Se encuentra enunciada en el Deuteronomio con estas palabras "ojo por ojo, diente por diente, brazo por brazo, etc". "El Talión, sin embargo, diezmaba también, aunque en menor grado.
- **La Composición**: del talión se pasó a la composición la cual viene a mitigar las formas de defensa anteriores; se trataba de una compensación generalmente pecuniaria por el daño causado y su cuantía dependía de la importancia de la misma. " Solo en casos excepcionales, como los delitos cometidos contra la persona del Jefe de la Tribu, no se admitía la Compensación porque se estimaba que ese no era un ataque individual sino colectivo". La composición tubo su origen entre los antiguos germanos y parecer que también, se practicó en algunas tribus americanas; se explica como una medida tendiente a conservar al individuo a quien se juzgaba elemento útil para la estabilidad del grupo.
- **La venganza pública**: es una forma de defensa propiciada ya no por los particulares sino por el estado mediante su función jurisdiccional. Se establecen entonces los hechos que son antijurídicos y por lo tanto punibles, la manera como deben solucionarse los conflictos de intereses, las autoridades competentes para ello, las sanciones que pueden imponerse etc.

En una palabra, llegamos al concepto moderno según el cual, el estado es el único que puede administrar justicia como atribución exclusiva, general, definitiva y permanente.

- En esta etapa de las formas de defensa es donde se institucionaliza una policía como entidad auxiliar de las ramas del poder estatal encargadas tanto de la ejecución de las leyes como de sancionar a quienes las infrinjan. Dentro del tiempo, la función policial debió haber nacido con la aparición de las primeras organizaciones que hoy llamamos estado.

PRIMEROS AUXILIOS

1. DEFINICIÓN PRIMEROS AUXILIOS

Son las primeras atenciones de urgencia e inmediatas que se le prestan a una persona víctima de un accidente, de enfermedades repentinas.

2. OBJETIVOS DE LOS PRIMEROS AUXILIOS

- (-)   Conservar la vida
- (-)   Evitar complicaciones
- (-)   Ayudar a la recuperación
- (-)   Trasladar al accidentado a un centro asistencial

3. NORMAS GENERALES DE LOS P.A.

- Conserve la tranquilidad y Transmítala al paciente
- Investigue la escena del accidente
- Comuníquese continuamente con la víctima
- No se retire del lado de la víctima
- No olvide las posibilidades de supervivencia
- No administre medicamentos
- No de licor en ningún momento
- No haga comentarios delante de la víctima.
- No mueva al paciente

4. BOTIQUÍN DE PRIMEROS AUXILIOS

5. SIGNOS VITALES

Son los valores normales o anormales de las funciones primordiales del organismo, que nos indican su estado y son: RESPIRACION – PULSO –

- TEMPERATURA – TENSION ARTERIAL

- PULSO : Es la expansión y contracción rítmica de las arterías al paso de la sangre que impulsa el corazón.
" EL PULSO MIDE LA VELOCIDAD A QUE LATE EL CORAZÓN"

1. <u>SITIOS DONDE SE TOMA</u> : CUELLO – MUÑECA – CODO – INGLE

2. <u>VALORES NORMALES</u>:

NIÑOS	80 – 100 PULSACIONES POR MINUTO
ADULTOS	60 – 85 PULSACIONES POR MINUTO
ANCIANOS	60 – 80 PULSACIONES POR MINUTO

3. <u>PROCEDIMIENTO PARA CONTAR EL PULSO</u>

(-) LA MANO DEL ENFERMO DEBE ESTAR FLOJA
(-) COLOQUE LA YEMA DE LOS DEDOS INDICE Y CORAZON EN EL SITIO DONDE VA HA TOMAR EL PULSO Y HAGA LIGERA PRESIÓN EN LA ARTERIA
(-) ANOTE LA CIFRA Y HORA EN QUE SE CONTO

RESPIRACION : Acto de entrada y salida de aire a los pulmones.

1. <u>SITIO DONDE SE TOMA</u> : En el pecho

2. <u>VALORES NORMALES</u>:

NIÑOS	26 – 30 ACTOS POR MINUTO
ADULTOS	16 – 20 ACTOS POR MINUTO
ANCIANOS	14 – 16 ACTOS POR MINUTO

3. PROCEDIMIENTO PARA CONTAR LA RESPIRACIO

EL PACIENTE DEBE ESTAR ACOSTADO Y BOCA ARRIBA
(-)   SOSTENGA LA MUÑECA DEL PACIENTE ENCIMA DE SU PECHO COMO SI ESTUVIESE CONTANDO EL PULSO
(-)   CUENTE EL NUMERO DE VECES QUE SE LEVANTA EL TORAX DEL PACIENTE
(-)   ANOTE LA CIFRA Y HORA EN QUE SE CONTO
(-)   ESCUCHE LA RESPIRACIÓN PARA OBSERVAR SI ES RUIDOSA

TEMPERATURA : Es el mayor o menor grado de calor de un cuerpo.

1. SITIO DONDE SE TOMA : Bucal – Axilar - Rectal

2.VALORES NORMALES: De 36 a 37.5 grados centígrados es normal, si es mayor hay fiebre

3. PROCEDIMIENTO PARA TOMAR LA TEMPERATURA BUCAL

(-)   COLOQUE EL TERMOMETRO EN CEROS Y PROCEDA A ESTERILIZAR.
(-)   INTRODUZCA EL TERMOMETRO SUAVEMENTE E LA BOCA, COLÓQUELO A UN LADO E INDIQUE QUE LO SOSTENGA DEBAJO DE LA LENGUA-

2. AXILAR

(-)   ABRA LIGERAMENTE EL BRAZO E INTRODUZCA EL TERMOMETRO ENTRE EL BRAZO Y EL COSTADO DEL PECHO A LA ALTURA DE LA AXILA Y PRESIONE SUAVEMENTE EL TERMÓMETRO.

3. RECTAL
(-) UNTAR EL TERMOMETRO CON UN LUBRICANTE PARA EL CUERPO, EL PACIENTE DEBE ESTAR BOCA A BAJO, SE PROCEDE A INTRODUCIR EN EL RECTO.
(-) ANOTE LA CIFRA Y HORA EN QUE SE TOMO
TENSION ARTERIAL : Fuerza que hace la sangre sobre las paredes de la arteria.

PROCEDIMIENTOS CON HERIDAS HEMORRAGIAS

HEMORRAGIA INTERNA

•Acueste al lesionado
•Eleve sus piernas a un nivel mas alto que su cabeza
•Vigile pulso y respiración
•No suministre alimentos ni bebidas al lesionado
•Cubra al lesionado para evitarle perdida de calor
     HEMORRAGIA EXTERNA
•Haga presión fuerte con toalla, gasa o pañuelo sobre la herida.
•Coloque vendaje compresivo y vigilarle el pulso
•Si no hay fractura levante la extremidad.

7. BOTIQUÍN DE PRIMEROS AUXILIOS

I. MATERIAL DE CURACION

NOMBRE GENERICO	NOMBRE COMERCIAL	INDICACIONES	PRECAUCIONES
A. ANTISEPTICOS: YODO- YOVIDONA SUSTANCIAS QUE EVITAN LA INFECCION	ISODINE, YOVIDONA	LIMPIAR Y DESINFECTAR LA LESION.	DETERMINAR ANTECEDENTES ALERGICOS.
SUERO FISIOLOGICO		LIMPIAR O LAVAR HERIDAS Y/O QUEMADURAS.	
B. GASAS, APOSITOS Y COMPRESAS		MATERIAL ABSORBENTE, LIMPIAR Y CUBRIR HERIDAS	
C. VENDAS		SOSTENER APOSITOS, CONTROLAR HEMORRAGIAS O CUBRIR QUEMADURAS Y LESIONES.	
D. APLICADORES		PUEDEN AYUDAR EN LA EXTRACCION DE	

		CUERPOS EXTRAÑOS, Y PARA LA LIMPIEZA Y APLICACIÓN DE ANTISEPTICOS EN HERIDAS.	
E. BAJALENGUAS		INMOVILIZACION DE FRACTURAS O LUXACIONES DE DEDOS Y APLICACIÓN DE CREMAS.	
F. ESPARADRAPO		FIJAR GASAS, APOSITOS Y VENDAS.	

II. MEDICAMENTOS.

NOMBRE GENERICO	NOMBRE COMERCIAL	INDICACIONES	PRECAUCIONES
A. ANALGESICOS			
ACETAMINOFEN	DOLEX, FOCUX, WINADOL	USO EN CASO DE TRAUMAS, PARA ALIVIAR EL DOLOR, FIEBRE	NO USAR EN VICTIMAS CON ANEMIA, LESIONES RENALES, HEPÁTICAS E HIPERSENSIBILIDAD.
ACIDO ACETILSALICILIC O	ASPIRINA, BUFFERIN, WINADEINE	IGUAL	NO USAR EN VICTIMAS CON ULCERA GASTRICA, GASTRITIS, ASMA, ALERGICOS.
B. ANTIPIRETICOS			
ACETAMINOFEN	DOLEX, FOCUS, WINADOL	USO EN CASO DE TRAUMAS, PARA ALIVIAR EL DOLOR, FIEBRE	NO USAR EN VICTIMAS CON ANEMIA, LESIONES RENALES, HEPÁTICAS E HIPERSENSIBILIDAD.
C. SOBRES DE SUERO ORAL	PARA REHIDRATAR A PACIENTES QUE PRESENTAN DIARREA, QUEMADURAS, HEMORRAGIAS.		
D. ANTIESPASMODICO	BUSCAPINA	MANEJO DEL DOLOR TIPO COLICO	

E. ANTI-INFLAMATORIOS	IBUPROFEN, MOTRIN, VOLTAREN	EN CASO DE EDEMA Y/O INFLAMACION.	NO USAR EN VICTIMAS CON ULCERA GASTRICA, ASMA, ALERGICOS.
F. QUEMADURAS	FURACIN	SOLO SE UTILIZA EN CASO DE CURACION	

III. ELEMENTOS DE INMOVILIZACION

SE UTILIZAN PARA INMOVILIZAR, SOSTENER Y PREVENIR COMPLICACIONES EN PACIENTES CON PROBLEMAS OSTEOMUSCULARES. Ejemplos: vendas elásticas, cartones, tablas,esparadrapo.

IV. ELEMENTOS DE BIOSEGURIDAD Y ADICIONALES

Guantes desechables,   folleto de primeros auxilios, tijeras, vasos desechables, agua.

Antisépticos.
Material de curación.
Instrumental y otros elementos.
Medicamentos.
Medicamentos y antídotos para uso en caso de emergencias por intoxicación con plaguicidas

ANTISEPTICOS: Son sustancias que previenen la infección y evitan el crecimiento de microorganismos, que comúnmente se encuentran en las heridas y lesiones causadas por accidentes.

Alcohol 70%: Se usa generalmente para la limpieza de la piel antes de aplicar una inyección, para desinfectar termómetros clínicos, pinzas, tijeras, etc. sumergiéndolos durante diez minutos. No se debe usar en heridas porque causa irritación.

Agua oxigenada: Es un germicida (mata los gérmenes). Se usa para limpiar heridas contaminadas con tierra, estiércol, etc. Al aplicar el agua oxigenada, se recomienda dejar actuar por espacio de dos minutos y lavar la herida con agua limpia.

Mercurio cromo: Es un antiséptico (ataca microbios). Se utiliza en dilución al 2% en heridas pequeñas; su acción es limitada. No se debe aplicar en heridas extensas por su toxicidad (produce efectos adversos o dañinos).

Furacín ungüento o Sulfaplata: Se usa en quemaduras, previo lavado con agua estéril.

Isodine solución: Antiséptico de uso común para limpieza de la piel y mucosas; se aplica sobre la superficie afectada. Contraindicado en hipersensibilidad al yodo.

Prepodyne solución: Antiséptico para la piel; no irritante. Contiene yodo controlado; no selectivo en su actividad germicida (previene infecciones de todo tipo). Se aplica en la piel, previo lavado de la zona afectada. Se usa para la limpieza de heridas, abscesos y/o ulceraciones; el área debe quedar bien impregnada, se puede cubrir con gasas, vendas o adhesivos. Contraindicado en hipersensibilidad al Yodo.

Suero fisiológico o solución salina: Util para el lavado de las heridas, previo al uso de antisépticos. Se utiliza también para humedecer gasas que estén pegadas a las heridas, antes de ser retiradas.

Agua destilada: Solución de agua estéril, útil para el lavado de heridas.

MATERIAL DE CURACION:

- Algodón: Se utiliza para limpiar la piel que no presente heridas abiertas.
- Gasa: Se usa para limpiar y cubrir heridas. Debe estar estéril o muy limpia.
- Vendas: Es indispensable que haya vendas en rollo y algodón de diferentes diámetros.
- Aplicadores (Copitos): Se usan para limpiar heridas pequeñas o donde no pueda hacerse con gasa.
- Bajalenguas: En primeros auxilios se usan para inmovilizar fracturas o luxaciones de los dedos de las manos.
- Curitas: Son útiles para cubrir heridas pequeñas que así lo requieran.
- Esparadrapo: Se usa para fijar la gasa, afrontar los bordes de las heridas pequeñas y asegurar las inmovilizaciones de fracturas.
- Apósitos o compresas: Se usan para cubrir heridas grandes.

INSTRUMENTAL Y OTROS ELEMENTOS:
- Tijeras.
- Cuchillas.
- Navaja.
- Termómetro.
- Jabón y toalla.
- Linterna.
- Libreta y lápiz.
- Caja de fósforos.
- Lista de teléfonos de emergencia.
- Goteros.
- Manual de primeros auxilios o folleto.
- Pinzas estériles (deben mantenerse en frasco con alcohol).

MEDICAMENTOS: El botiquín debe contener básicamente analgésicos para aliviar el dolor, causado por traumatismos y evitar que la víctima entre en shock. No deben usarse indiscriminadamente porque además de los efectos secundarios indeseables, pueden ocultar la gravedad del caso.

Acido acetil salicílico: Se encuentra con los siguientes nombres comerciales: Aspirina, Bufferin, Rhonal, Ascriptin (para adultos y niños).

Se deben tener en cuenta las siguientes precauciones:

- Administrar siempre con agua; nunca con café, gaseosas o bebidas alcohólicas.
- No administrar a personas con problemas gástricos (úlceras).
- No administrar a personas que sangran con facilidad.
- No administrar durante el embarazo, porque tanto la madre como el hijo corren riesgo, ya que se afecta el mecanismo de coagulación.
- No administrar a personas con problemas renales.

Acetaminofén: Se encuentra con los siguientes nombres comerciales: Focus, Dólex, Doloptal, Winadol. Se deben administrar siempre con agua; nunca con café, gaseosas o bebidas alcohólicas.

Sobres de suero oral: Util para administrar en casos de diarrea, quemaduras, hemorragias o en cualquier situación que ofrezca riesgo de deshidratación, evitando así que el paciente entre en shock. Los ingredientes para la preparación de suero casero son: 1 litro de agua hervida, 4 cucharadas de azúcar y 1 cucharadita de sal.
Periodicidad de revisiòn de la dotaciòn   :   Mensual.

EVACUACIONES Y TRANSPORTE DE HERIDOS

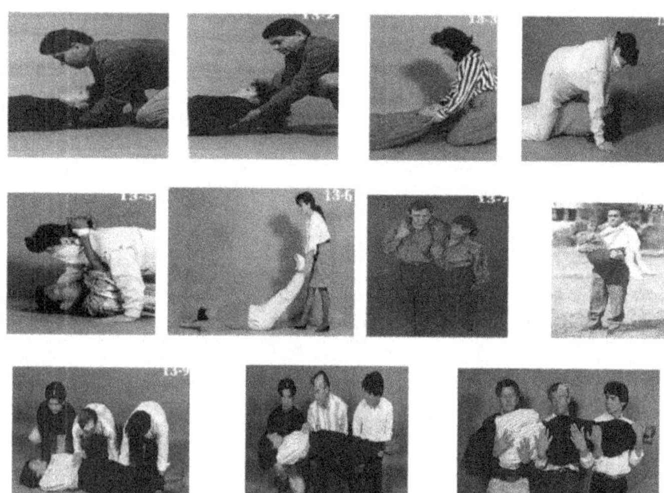

RELACION CON LAS AUTORIDADES

1. ORGANIZACIÓN DEL ESTADO

3. ORGANIZACIÓN DE REDES DE APOYO

A. ENTORNO LABORAL: La organización de las redes de apoyo se hace con base en los anillos de protección, el anillo Periférico es el Perímetro exterior esta compuesto por los barrios, conjuntos residenciales, status social, condiciones sociales, actividad comercial, autoridades, personajes, estaciones de servicio, hospitales, bomberos, subestaciones de teléfonos- electrificadora – gas – acueducto, construcciones, fuentes de riesgos (grupos de delincuencia, drogadicción), afluencia de personas, transporte.

VECINDARIO

PONAL	EDIF.	ALM.	
	P.V.	BANCO	TALLER
	ESTACION DE GASOLINA		

VECINDARIO

La forma de determinar si puede pertenecer a su red de Cooperantes, es analizando cada persona en forma particular, en este momento se debe determinar como se puede inducir a la persona para que en forma voluntaria colabore con la Vigilancia, uno de los primeros aspectos que se debe tener en cuenta es que no solo se brinda protección al Cliente que esta pagando el servicio, si no que tambien esta en capacidad de brindar apoyo oportuno a los vecinos en caso de requerirse, pero para ello requiere del apoyo del vecindario y en especial de la persona con la que se esta hablando, a los cooperantes no se les puede organizar en grupo si se requiere de obtener información, si es para apoyo ante una situación de riesgo si se puede, mediante el apoyo de la Policia nacional que es la autoridad adecuada para organizar los frentes de seguridad ciudadana. Veremos algunos aspectos que son importantes de tener en cuenta para la organización de una Red de cooperantes.

1.- Área rural, urbana, sub – urbana : La ubicación es de vital importancia, una Área Rural presenta ventajas: No hay mucha afluencia de personas, se puede tener un censo de las viviendas y habitantes aledaños, una o máximo dos vías públicas, los habitantes se pueden integrar a un programa de seguridad ciudadana. Área Urbana, presenta ventajas, apoyo más rápido por parte de la empresa y autoridades, servicios públicos eficientes, mayor vigilancia por parte de las autoridades. Desventajas, el delincuente puede emplear diferentes fachadas, mucha afluencia de personas y es difícil determinar quien es quien en el sector, debe ser cuidadoso en la selección de sus cooperantes.

2.- Población : De la población los puntos de referencias son : Status social (Alto – Medio – Bajo)
Cada uno de los status sociales trae sus ventajas y desventajas para la organización de su Red de cooperantes, El Alto, se siente seguro por que paga una suma alta por la seguridad, es un poco escéptico para relacionarse con el vigilante, pero se puede lograr con el personal de empleados como empleadas domesticas, conductores, jardineros entre otros, la Baja, son mas concientes con la actividad del vigilantes, son personas mas accequibles, por consiguiente es mas fácil de obtener de ellos una colaboración mas eficiente.

B. ENTORNO FAMILIAR Y SOCIAL

La familia y amigos, pueden ser buenas fuentes de información, teniendo en cuenta que ellos laboran y se desarrollan en un ambiente diferente al suyo, se cree que lo que sucede o las informaciones de ellos no nos afectan, no importa, pueden de ser de gran valor para las autoridades, EJEMPLO: Un familiar que trabaja como profesor, asiste a una reunión del sindicato y tienen previsto un paro para X día, esto lo puede afectar a Ud., si la manifestación pasa por el frente de su puesto o por el de otro compañero.

4. CANALIZACIÓN DE LA INFORMACION

El Gobierno Nacional a determinado que la Policía Nacional es el ente que controla las Redes de Cooperantes para la Vigilancia y Seguridad privada, para ello a destinado un Oficial Superior ante la S.V.S.P. y en cada Comando de Departamento hay un oficial o en su efecto un suboficial que es el encargado de mantener el enlace, de igual a determinado que la Policía tenga comunicación permanente con las Empresas de Vigilancia e este a su vez designa a un funcionario de la empresa para canalizar la información y transmitirla, los supervisores son otro canal de transmisión de la información, para que el Vigilante determine a quien le suministra la información, se debe hacer un análisis y clasificación de la información y el grado de rapidez con que se requiera el apoyo. EJEMPLO: Se tiene conocimiento de un asalto a la entidad donde laboro, se han visto sospechosos alrededor, se debe informar EMPRESA – PONAL – ENTIDAD, si la información es que al parecer se va efectuar un asalto y no se ha visto movimientos sospechosos, el canal puede ser: SUPERVISOR – FUNCIONARIO ENLACE – PONAL.

5. GRUPO DE INTELIGENCIA

Durante los períodos en que no hay movimiento, el grupo de seguridad debe compartir la responsabilidad adicional de conseguir y analizar datos de información para hacer inteligencia preparar futuros planes y movimientos para comunicárselos al jefe o Departamento de Seguridad de la Empresa, sobre lugares que visitarán, rutas, personal que debe ubicarse en lugares claves, mantener enlaces con los organismos enterado al grupo de seguridad.

Preparar planes de contingencia ante cualquier emergencia, verificar la efectividad del sistema de seguridad adoptado y verificar si se esta cumpliendo de acuerdo al objetivo.

6. MEDIDAS DE COORIDINACION

Antes de cualquier desplazamiento se tomará contacto con las autoridades locales o del lugar

De igual, se tomará contacto con los Jefes de Seguridad del Sitio
Se coordinará distintivos de identificación y procedimientos en el lugar.